U0137672

"思明记忆之厦门海洋历史文化丛书"编委会

顾问：黄碧珊　姚玉萍

主任：叶细致　苏金赞

副主任：郭银芳　王　磊

常务副主任：吴淑梅

主编：陈　耕

委员：陈复授　蔡亚约　符坤龙

　　　　韩栽茂　黄锡源　蔡少谦

东南屏障

从中左所到英雄城市

思明记忆之厦门海洋历史文化丛书

韩栽茂 著

厦门市思明区文化馆
厦门市闽南文化研究会 编

海峡出版发行集团
THE STRAITS PUBLISHING & DISTRIBUTING GROUP

鹭江出版社
LUJIANG PUBLISHING HOUSE

2020年·厦门

总　序

2016 年受思明区文化馆的委托，厦门市闽南文化研究会配合厦门市非物质文化遗产保护中心、厦港街道等在沙坡尾设计、建设送王船展示馆。展示馆建成后，来参观的人很多，当时文化部非遗司的领导和专家观看后，对于在这样简陋的条件下能有这样的展示很是称赞。思明区文化馆于是进一步和厦门市闽南文化研究会商定共同编撰出版这套"思明记忆之厦门海洋历史文化丛书"，委托我担任这套丛书的主编。厦门市闽南文化研究会于是成立了"厦门海洋文化研究课题组"，成员除几位作者之外，还有海沧区闽南文化研究会的几位年轻人。

2017 年，习近平总书记在金砖国家领导人厦门会晤时对厦门文化作了高度的概括，他说，"厦门还是著名的侨乡和闽南文化的发源地，中外文化在这里交融并蓄，造就了它开放包容的性格和海纳百川的气度"。

这段话内涵丰富：厦门在近现代的发展中秉持开放包容、海纳百川的理念，创新、创造了体现中外文化美美与共的新闽南文化，引领了闽南文化在近现代的创新发展，是近现代闽南文化的发源地。

讲厦门离不开闽南，讲闽南也离不开厦门。只有全面深刻了解几千年来闽南人与海洋的关系，及其所构建的闽南海洋文化，才可能真正了解厦门在其中所发挥的作用。不了解闽南，无以解读厦门；当然不了解厦门，也不能全面完整地解读闽南。厦门海洋历史文化，必须从闽南海洋文化说起。

闽南文化区别于其他地域文化最重要的特征就是它的海洋性。把"海"字拆解可知：水是人之母，海洋是生命的摇篮。山海之间的闽南，与海洋结下了不解之缘。不理清闽南海洋文化，就不能真正认识、理解闽南文化。

习近平总书记在致 2019 中国海洋经济博览会的贺信中指出：海洋对人类社会生存和发展具有重要意义，海洋孕育了生命、联通了世界、促进了发展。

党的十九大报告明确提出：坚持陆海统筹，加快建设海洋强国。

当今世界，海洋占地球面积的 71%；世界 GDP 的 80%产生于沿海 100 公里地带；世界贸易的 90%是通过海运实现的。[①] 世界最发达的地区是纽约湾区、旧金山湾区、东京湾区。中国最发达的地区，是珠三角、长三角、环渤海地区。现在中国正在推动粤港澳大湾区建设。

人类向海洋、向港口海湾型城市的集聚和靠拢，已经成为发展趋势。

世界发展的另一个趋势是世界经济重心向亚洲转移。过去 500 年，经济全球化是以西方为中心的。进入 21 世纪，以东亚和金砖国家为代表的发展中国家迅猛崛起。

[①] 王义桅：《世界是通的——"一带一路"的逻辑》，商务印书馆，2016 年版，第 5 页。

2018 年，发展中国家在世界经济中所占的比重已经超过了 40%，西方发达国家所占的比重从曾经的将近 90% 降到 60%。世界经济呈现出东西平衡、南北平等的趋势，标志着以西方为中心的经济全球化正在结束，构建人类命运共同体的经济全球化新时代已经开启。

我们必须在这两个世界潮流中，以长时段、全局性、动态性的历史思维来重新认识、重新定位闽南文化。

闽南的历史，可以说就是四个港口的历史。（1）宋元时期的泉州刺桐港，曾经是世界海洋贸易的中心，创造了许许多多彪炳于世的文化。（2）明朝时的漳州月港，打破明王朝的海禁，成为中国迎接大航海时期经济全球化第一波浪潮的最大对外贸易港口，创造了克拉克瓷等传播世界的文化精品。（3）清代以后的厦门港，曾经是闽台对渡的唯一口岸，又是闽南人过台湾、下南洋的出发地和归来港口。厦门工匠还改进福船，创制了同安梭船，并以蔗糖、茶叶、龙眼干等闽南农产品的商品化，推动了海洋文化与农耕文化相融合的闽南海洋文化在清代的发展。鸦片战争以后，厦门学习工业文明，推动了闽南文化的现代化，培育了许多中国近代的杰出人物。（4）1949 年后，由于西方的封锁，香港和台湾在后来的 30 年里成为中国仅有的对外开放区域，台湾的高雄港一度成为世界第三大的港口，台湾的闽南语流行歌曲、电视歌仔戏、电视布袋戏成为 20 世纪下半叶闽南文化创新发展的典型。

历史证明，闽南最大的港口在哪儿，哪里就引领闽南文化的创新与发展；闽南的海洋文化是千百年来闽南文化生生不息的重要发展动力，是中国海洋历史文化的杰出代表。

2017 年，厦门和漳州的 12 个港区组成的厦门港，其集装箱吞吐量超过高雄港，成为世界第十四大港口。厦门，又一次成为闽台最大的航运中心。

在世界走向海洋、走向湾区的大趋势中，在港口引领闽南经济社会文化发展的历史经验里，新时代闽南文化研究将何去何从？

为了更美好的明天，我们必须以新视野、新思维、新方法重新认识、重新梳理闽南海洋文化，重新总结闽南海洋文化历史给我们提供的经验、教训和智慧，充分发挥闽南文化的作用，推动构建 21 世纪海上丝绸之路民心相通的文化平台，推动构建人类命运共同体，促进祖国的和平统一。加强闽南海洋历史文化的研究，意义深远，应当引起更多的重视和关注，应当成为闽南文化研究的重中之重。

一、 关于海洋文化

走向海洋，就必须了解海洋，了解海洋文化。但是关于海洋文化，关于中国海洋文化、闽南海洋文化，至今还有许多模糊的看法，影响我们真正地了解海洋文化，了解闽南海洋文化。

人类拥有共同的海洋知识，但世界上没有相同的海洋文化。日本的海洋文化不同于英国的海洋文化，广东的疍民不同于闽南的疍民。但是，究竟不同在哪里？似乎还没有明晰的解读。

在世界文明类型的划分中，以黑格尔的《历史哲学》

观点最为经典，对后世影响最大。

在欧洲横行世界的历史背景下，黑格尔以欧洲为中心，根据世界地理和人类思想本质的差别，将世界文明分成三种类型[①]：一为干燥的高地、草原和平原，以非洲大陆及游牧民族为代表，他们以放牧为业四处迁徙，除了显示出好客和喜好劫掠两个极端性格之外，并无法形成法律和国家，因其野蛮本性而被黑格尔隔绝于文明之外；二为大江大河灌溉的平原流域，以亚洲大陆和农耕民族为代表，他们依靠农业获得四季有序的收获，因土地所有权及各种法律关系而产生国家，并从中孕育了保守的、苟安的、封闭的、忍耐的大陆文明；三为与海相连的海岸地区，以欧洲大陆和海洋民族为代表，他们摆脱陆地的束缚走向海洋，进行征服、掠夺和争逐利润的商业活动，从而养成了冒险的、扩张的、开放的、具有竞争性的性格和相应的海洋文明。

从黑格尔的文明划分中，我们可以明显地感受到当时欧洲人对其海上活动的自我满足及陶醉，一方面从物质行动上加紧对其他文明的掠夺并提升欧洲本土的资本积累和经济发展，另一方面从精神总结上对其行为加以美化和修饰以达到对他人的精神殖民。显然，欧洲人的文化输出是成功的，以至于到了今日，还有不少人仍然认为中华文化就是农耕文化，将黑格尔的以大陆文化（黄色文明）和海洋文化（蓝色文明）来区分东方和西方

---

①刘登翰：《中华文化与闽台社会——闽台文化关系论纲》，福建人民出版社，2002年版，第195页。

文化奉为标准，并依此来审视和定义中华文明。

但是，中国是一个地域广袤、陆海兼备的国度。中华文明是农耕文明、游牧文明和海洋文明三种文明的融合，必须从大陆与海洋两个向度来把握中华文化的生成，才符合历史的真实。

事实上，中华民族走向海洋的历史不比欧洲晚，而且大规模利用海洋、形成独具特色的中华海洋文化比欧洲要早得多。

尽管黑格尔的海洋文化理论在解释人类文明起源和揭示不同文明性质上有着合理的内核，但其片面性和内在的悖论却常为学界所质疑。为了说明海洋对人类（无论是东方还是西方）文化发展的意义，许多学者倾向于从海洋与人类的关系，在本体论的意义上重新定义海洋文化。

海洋文化是人类在特定的时空范畴内，源于海洋而生成的文化。海洋文化的本质就是人与海洋的互动关系。按照马克思关于经济基础决定上层建筑的理论，人们利用海洋的经济方式，人与海洋建立的经济链条、生产方式，产生了人的海洋文化。不同时期、不同地域的人们利用海洋的不同方式构筑的不同经济链条，必然诞生不一样的海洋文化。中国的海洋文化、日本的海洋文化、英国的海洋文化，彼此都是不相同的。可以说人类有共同的海洋知识，但人类创造的海洋文化却是丰富多彩、千差万别的。

世界海洋文化发展历程可以分成三个时期：原始时代、农耕时代、工业时代。

原始时代诞生了对后世影响深远的海洋捕捞和盐业生产。考古学的发现证明，人类早在六七千年前就有了利用海洋生物维生的历史实践，产生了各种捕捞的工具，包括独木舟、木筏，开始原始的航海，并积累了人类对海洋最早的认识，包括海流、潮汐、风信等。其后，又有了海水晒盐的经济活动。盐是人类生存必不可少的物质。盐业专卖从农业社会早期就成为国家财政的重要来源。渔获与海盐的生产和利用延续到农业社会，直至今天。这两种经济方式催生了人类原始海洋文化。

当然这个结论也是要打问号的。

虽然有 1947 年挪威考古学家托尔·海尔达尔木筏横渡太平洋的伟大壮举以及诸多的考古发现，但是在原始社会诞生的独木舟、木筏，究竟如何影响后世的海洋文化？潮汐、季风、海流究竟是在什么时候被人们发现、了解、掌握的？……由于资料的贫乏，我们今天实际上对原始海洋文化还是缺乏深入的了解，还难以展开深入的讨论。

我们更缺乏对原始海洋文化的感恩。我们每天吃着海盐、海味，但很少有人会想到这是原始海洋文化留给我们的恩泽。人类原始海洋文化通过言传身教，延伸到了农业社会，甚至现代的工业社会。它是在人类早期利用海洋的经济基础上形成的海洋文化，既是世界上沿海地区最古老、最普遍的海洋文化，也是人类接触海洋的基本方式，贯穿了人类数千年的历史，并造福于子孙万代。

进入农业社会后，人类除了延续和创新以渔业和盐业为代表的原始海洋文化，还产生了三种新的海洋文化。

其一为在地中海诞生而后横行世界的"空手套白狼式"的掠夺型海洋文化。以西方为代表，通过强权和强大先进的武装掠夺或殖民他者获取物资，再进行以货易货的活动，从而实现自身的财富积累，并将这种血腥、残忍和不公正的海洋经济活动自诩为进取、先进的海洋文化。这种文化的拥有者崇尚丛林原则，不相信、也不理解世界上可以有双赢和多赢。

其二为资源型的海洋文化。以古代日本和当今如马尔代夫（自然风光）、中东等资源输出国为代表，通过海洋输出得天独厚的自然资源和原始产品获得经济社会发展，并因此形成独具特色的资源型海洋文化。

其三，以勤劳智慧创造制成品开展海上公平贸易的海洋文化。以中国为代表，通过百姓的智慧和勤劳的双手创造出农业社会大量优质的商品，诸如丝绸、瓷器、茶叶等等，并依靠繁华的港口、先进的船舶制造技术和远洋航海技术开展公平贸易。在这样的经济活动中产生了富于中国特色的海洋文化。这种文化崇尚的是诚信、公平，双赢、多赢，童叟无欺、薄利多销，有饭大家吃、有钱大家赚。其中尤以闽南的海洋历史文化为代表。这里所说的海洋历史文化，指农业社会的海洋历史文化。

在人类的农业社会，尤其是从唐末到清中叶，中国以农产品和手工制品为支撑的海洋文化彪炳于世，其农产品和手工制品是世界海洋经济最主要的商品。中国的港口、造船、航海技术和贸易额都占据世界最前列。

上述四种原始社会、农业社会的海洋文化依然呈现于当今的世界。中国的海洋文化在进入工业时代以后，经历了被侵略、被踩蹦的过程和学习、追赶的过程。在2010年，中国终于超过了美国，成为当今世界最大的工业制成品制造国。2015年中国的工业制成品的产值相当于美国与日本的总和，2018年相当于美国、日本、德国的总和。2014年中国的商品贸易额超过4万亿美元，成为世界最大的商品贸易国。当今世界10个最大的港口，有7个属于中国。不过，工业时代的海洋文化更加复杂，不在本丛书研究课题的范畴之内。

农业时代这三大类海洋历史文化，还可以有更加细致的分类方法，例如闽南的海洋历史文化和广东的海洋历史文化，它们当然也有差别，但那只是在习俗、服饰、船形等比较小的方面的特色差异。在依靠勤劳智慧创造制成品来开展公平的海洋贸易方面，它们是一致的。

二、 闽南海洋历史文化的主要特征

早在原始社会，位于福建沿海的闽越人已经以海为生，创造了闽南原始海洋文化，最典型的就是金门的富国墩遗址。

之后中原人南迁，逐渐与闽越人发生融合，大约在唐末五代至北宋初年的100多年间，诞生了具有中国特色的闽南海洋历史文化。延续近千年的闽南海洋历史文化最大的特色，就是以海上贸易为引领，融合了闽南原始海洋文化和中原的农耕文化。

闽南海洋历史文化之所以能够以勤劳智慧创造出农产品和手工业商品来开展公平的海上贸易，最根本是在于其有着源自中原的深厚的农耕文化的基础，并且创造性地依托海洋开拓商品市场来引领农耕产品的商品化和市场化。

我国中原传统农耕文化的最大特点是自给自足。其生产的产品，主要用于自己消费，而不是用于市场交易。而闽南的农耕文化在海洋、海商的引领下，具有强烈的商品化特点。比如清代的同安农田主要不是用来种植自己吃的水稻，而大多是用来种植卖给糖商的甘蔗。因为一亩地种甘蔗所得，是种水稻的数倍。

历史上同安的每一个村庄至少都会有一个榨蔗制糖的糖廊，收购农民的甘蔗制成蔗糖，然后用同安人创造的"同安梭船"载往东南亚，换取那里的暹罗米、仰光米、安南米。据说最成功的商人一斤糖可以在那里换到十多斤大米。清朝有不少文献记载了皇帝特许南洋的大米可以免税或减税进口到厦门。仔细查阅，发现那些申请免税的进口商，都是华人的名字，其中很多是同安海商。

在厦门海商的引领下，同安平洋地种甘蔗，制糖出口；山坡地种龙眼树，制龙眼干出口；山地种茶树，制茶叶出口。海洋文化引领着农耕文化，引领农产品走向商品化、市场化，创造出更加丰厚的财富。

所以，闽南海洋历史文化中的农耕文化与中原传统的农耕文化是不一样的。它以海商所开拓的海洋贸易市场为引领，以农民辛勤劳动所制造的规模化的商品（不是自给的产品）参与海洋的商业活动，是整个闽南海洋经济链条中一个不可或缺的环节，已经完全融入闽南海洋历史文化之中。这是闽南人、闽南文化在明清时期，特别是清前期一个伟大的创新和开拓，也传承和巩固了闽南海洋历史文化最主要的特色。

因此，在今日重新审视中国海洋文化时，闽南海洋历史文化的发展轨迹和独具的特色便是辨识中国海洋文化的最好依据。

长期以来，闽南人对自己"根在河洛"深信不疑，甚至常常以"唐人"自居，对自己所处的区域统称为"唐山"。这种对中原乃至"唐朝"根深蒂固的偏好，不仅与闽南先人南迁前最深刻的记忆及其形成之初的历史密切相关，更是一种自身文化在迁徙、融合和变迁之后，对祖先文化、中央文化的一种认同。这是汉文化、中华文化一个非常重要的特质。正是这一特质，使得在广袤的中国土地上，东西南北不同区域、不同省份，甚至连方言都相互听不明白的亿万汉人，认同一种汉文化，凝聚成一个民族。进而使56个语言、服饰、习俗都不尽相同的民族融汇成了一个中华民族。

这一方面得益于各民族都参与了大一统中央文化（雅文化）的构建，他们把自己各自不同特色的区域文化、民族文化都融进了大一统文化之中；另一方面源于东西南北中的各族人民对自己区域文化作为汉文化、中华文化的解读有着极大的宽容和认可，甚至是鼓励。

由于历史的局限，过去我们曾经认同中华文化单一起源说，认为四面八方的区域文化都是吮吸着中原母文化的乳汁成长的。但是，现代考古的发现证明，中华文化的起源是多元的。母亲的乳汁，是四面八方的孩子们奉献的三牲五谷、山珍海味共同酿造而成的。中华文化历经多元多次重组，你中有我，我中有你，甚至还有他。我们需要在这样的理解上重新认识中华文化与闽南文化的关系。

三、 闽南海洋历史文化的孕育、 形成与发展

考古的发现告诉我们，早在中原汉人南迁到达闽南之前，这里已经生活着世世代代以海为田、以舟为马的古百越人。海洋已经成为他们生活的一部分，他们不仅已经拥有成熟的渔业型原始海洋文化，而且已拥有相当高超的航海技术和造船技术。

从西晋永嘉之乱始，饱受战乱的中原人一路辗转南迁，陆陆续续在晋江、九龙江、漳江等闽南母亲河流域定居，并开始与当地闽南古百越的原始海洋文化相融合。融合之后的闽南人开始适应闽南的地理环境，从而有了深入发展的创造性。这种循序渐进的本土化发展历程，既深化了闽南人的海洋性格，又创造产生了融农耕与海洋为一体的闽南海洋历史文化，并使之成为闽南文化最基本的底色和最耀眼的亮点。

闽南海洋历史文化和闽南文化的孕育，或许有时间上的先后，但闽南文化的形成必然是在闽南海洋历史文化形成之时，方才奠下了历史的里程碑。

闽南海洋历史文化的形成发展大致可分为六个时期。

1. 孕育期

从西晋永嘉到唐末，中原南来的汉族和闽南古百越的山畲水蜑开始了融合的进程。这两种文化的相遇必然有激烈的碰撞、痛苦的磨合与相互的包容。唐初，陈政、陈元光父子以雷霆手段直捣畲族的中心火田，古稀之年

的魏妈以化怨为和的精神推动了汉畲的融合。但30多年后陈元光的死，警醒了唐军。陈元光的子孙从云霄退漳浦，从漳浦迁龙溪，未尝不是在利害得失的权衡之后对畲族的退让。

在晋江流域，汉族与疍民也形成了各自生存的边界，和平相处。泉州士绅赋诗欣赏疍家的海味，当是对疍家生活世界的包容。

到唐代中叶，闽南呈现出山地畲、海边疍，汉人在最肥沃的河流冲积平原的格局，呈现出彼此边界明晰的"和为贵"的包容。包容并不是融合，但在和平的包容中彼此相互认识、了解，进而欣赏，"两情相悦"，这正是融合的开始。

最后"进入洞房"，诞生新的生命、新的文化，必须有一个锣鼓喧天、鞭炮齐鸣的日子。这个日子在唐末藩镇割据、军阀混战和黄巢血洗福建的历史背景下，终于来到了。

2. 形成期

后世尊王审知为开闽王，千年祭祀，这一历史的价值、意义，值得我们今天重新来品味、体会。

唐末安徽军阀王绪率领五千兵马、数万河南固始百姓千里辗转来到同安北辰山。因为饥饿，王绪下令杀死固始的老人而被王潮、王审邦、王审知三兄弟夺权。又因为饥饿，三兄弟夺取泉州，第一次品尝到了闽南的海鲜海味。在经历黄巢起义军的洗劫之后，仅靠泉州的存粮，没有闽南疍家的海鲜，是不可能满足这几万中原兵民的饥肠的。而他们也在品味到海鲜的美味，体会到海鲜蛋白给予他们的力量和智慧的同时，开始产生了对海洋的情感和热爱，以及对疍家所拥有的闽南原始海洋文化的欣赏、羡慕与追求。这是之前几次大规模迁移来的中原移民所没有体会到和产生的情感。

这是饥饿产生的情感。饥饿使这些中原南来的汉人，放下了面对土著居民的高傲和不屑，学会了平等地对待带给自己美味和温饱的疍家。这种"美人之美"推动了双方的"美美与共"，那个"进入洞房"的日子终于来到了。

这数万河南固始百姓心满意足地在闽南安家落户，开始关注闽南原始的海洋文化，并在从唐末到宋初的百年间，把自己从中原带来的农耕文化，包括手工业技艺、造船技术、冶炼金属技艺等等，融入了闽南原始的海洋文化，创造形成了农耕时代的闽南海洋历史文化，也形成了闽南文化最重要的特色。

3. 飞速发展期

两宋时期由于政权对海洋交通贸易的关注，以及各种历史的因缘际会，使闽南的泉州港得到了飞速的发展，成为世界屈指可数的大港口之一。闽南烧制的以青白瓷为主的各种瓷器，成为对外贸易的主要商品。闽南的福船应用了龙骨、水密隔舱等先进的造船工艺，成为当时世界先进的远洋船舶。闽南的航海人运用了水罗盘等各种先进的航海技术，形成队伍庞大、技术先进的远洋船队。在如此彪炳于世的海洋经济基础之上，闽南人创造了闽南海洋历史文化，这也是闽南文化最为辉煌灿烂的一页。

4. 畸形发展期

元代不足百年，却是闽南文化的灾难期，也是闽南海洋历史文化畸形发展的时期。在这一时期，元朝统治者以残酷的民族压迫和剥削阻挡闽南底层百姓赖以为生的农产品和手工业品的商品化生产，扼杀了其辉煌的文化创造力，摧毁了支撑闽南海洋历史文化的闽南农耕文化。

南宋淳祐年间（1241—1252 年），泉州共有 255,758 户，计 132.99 万人。仅仅二三十年后的元至元八年（1271 年），泉州户口锐减至 158,800 户，81 万人。到元朝末期的至正年间（1341—1368 年），泉州路辖境未曾增减，但户口已减为 89,060 户，45.55 万人；到明洪武十四年（1381 年），户口继续减至 62,471 户，35.11 万人[①]。泉州的人口从宋末的 133 万减少到明初的 35 万。这一时期刺桐港给闽南人、闽南文化带来的灾难之深重，可想而知。

支撑元代刺桐港进一步发展壮大的原因之一，是因元朝疆域广袤的领土成为刺桐港的腹地。刺桐港是元代中国最大的港口，它的腹地延伸到了全中国，出口的商品来源于全中国，特别是南方各地最优秀精美的农产品和手工业品，其中最著名的就是元青花瓷，它出产于景德镇而不是闽南。在这样广阔的腹地支撑下，刺桐港成了世界最大的贸易港口。但这个港口最富有的是色目人，最有权势的是蒙古贵族。元朝统治者剥夺了闽南百姓走

---

① 泉州市地方志编纂委员会：《泉州市志》，中国社会科学出版社，2000 年版。

向海洋的主导权。八娼、九儒、十丐，闽南的精英知识分子比乞丐好一些，比娼妓还不如。闽南文化在社会的最底层挣扎呻吟。

一面是海洋历史文化的高度发达，一面是闽南百姓的贫富分化不断加剧。这种畸形的发展状态，深刻影响了其后闽南海洋历史文化的曲折走向。

5. 曲折发展期

元朝的残酷压迫引发了元末闽南百姓的起义，也摧毁和赶走了元朝最富有、最庞大的泉州刺桐港色目人海商集团。紧接着闭关自守的明朝统治者，又实行了民间"片板不许下海"，只准官方朝贡贸易的政策。世界最大的港口泉州刺桐港的地位从此一落千丈。

但是闽南人的心永远向着大海，他们几乎是全民开展走私贸易，甚至集结成海上武装走私贸易集团来抵抗明廷统治者的海禁。闽南的海洋历史文化就从两宋时期的官商一体共同推动海洋交通贸易转变为官海禁、民走私，官民对立的海洋贸易。在这样的生产生活环境中产生了闽南人民不畏强暴、刚强不屈、犯险冒难、好勇斗狠的性格。

这一时期又正是西方大航海时代的初期，葡萄牙、西班牙帆船叩关中国。闽南人在艰难的环境下主动对接并发展新的海外市场，生产了克拉克瓷、漳绸漳缎、天鹅绒等商品，震惊了西方市场，赚取了大量的白银。这一经血与火洗礼的艰难曲折发展，凝结了无数闽南人的生命和苦难。

两百年的博弈，终于使明朝统治者明白：禁则海商变海匪，放则海匪变海商。于是有了隆庆开海，官民再合作，创造了闽南海洋历史文化中的月港辉煌。

林仁川教授认为，月港是"大航海时代国际海上贸易的新型商港，美洲大航船贸易的重要起始港，大规模华商华侨闯荡世界的出发港，中国封建海关的诞生港"，对中国、世界社会经济都产生了重大影响。

月港繁荣的末期，被誉为"经济全球化东亚第一人"的郑芝龙打败了西方海上霸主荷兰人，控制了东亚海上贸易。他把闽南海上交通贸易的中心从月港迁移到了安平港，时间虽很短，但延续了月港的辉煌。

他的儿子郑成功面对清军和荷兰人的夹击，把根据地转移到了厦门，设立了思明州，开创了军港、商港、渔港三合一的厦门港。他又创立陆海相联的山海五路商业网络，把厦门港的腹地延伸到了全国，几乎掌控了当时全国的海上交通贸易。而后他又驱赶荷兰人，收复台湾，为闽南海洋历史文化写下了光辉灿烂的一笔。

为了扼杀郑氏集团的经济来源，清王朝残酷地实行了"迁界"和弃岛政策：沿海各省三十里地不准居住耕作，限时搬迁；沿海岛屿全部清空。迁界从 1661 年开始，至 1684 年二十多年的时间，从根本上断绝了闽南人与海洋的联系，使原本陆海相系的海洋经济链条完全断裂，以致有不少地方的经济长时间难以恢复。

当然，与明代官民逾两百年的残酷博弈相比，这也只是闽南人走向海洋的一个短暂的曲折过程。康熙二十二年（1683 年）施琅收复台湾后，清王朝将台湾纳入版图，台湾成为福建省台湾府，开放福建人渡海开垦台湾。

闽南人近水楼台先得月，"唐山过台湾"成为闽南海洋历史文化重要的一环。清廷还取消了迁界，开放了海禁，并在厦门岛设立"闽海关"。虽然其后时放时禁，但经不住闽南人向海之心的汹涌澎湃，从康熙到道光的150多年间，闽南人围绕着厦门港重新构建起海洋与农耕相融合的闽南海洋历史文化，并形成了闽台两地一体的海峡经济区。

风靡一时的同安梭船源源不断地将闽南的糖、瓷器载往东南亚，并载回暹罗米、仰光米、安南米。朝廷还多次下谕予以减税进口。虽然乾隆将西洋贸易归于广州一口，但广州十三行的四大行首，仍有同安白礁潘、漳州诏安叶、晋江安海伍三家来自闽南。

可是，农业文明的丧钟已经敲响，而闭关锁国、妄自尊大的清廷竟充耳不闻，直到鸦片战争列强炮舰的大炮轰响。

6. 衰亡期

建基于农业文明的闽南海洋历史文化，面对西方工业文明的咄咄逼人，虽然也曾抗争，也曾效仿，却依然一步步落败，走向衰亡。这一时期虽然商品的出口越来越少，但聪明的闽南人走出国门的却越来越多。他们呼朋唤友、成群结队走向世界。落番下南洋、侨汇支持家乡，实业救国、教育救国，回国革命、回国抗日、回国建设新中国，成为这一时期闽南海洋历史文化耀眼的光彩。

闽南海洋历史文化的衰退，从鸦片战争前开始，一直延续到改革开放初期。其时闽南的出口商品，几乎只有针对东南亚华侨的茶叶、瓷器、珠绣拖鞋、佛雕等手工艺品和有限的闽南水果。

闽南海洋历史文化的衰退与闽南工业化的学习和建设，几乎是同时开始的。到改革开放初期，闽南已经奠下了一定的工业基础。改革开放40余年，跟随着祖国发展的步伐，闽南人民开创了自己建基于工业文明的当代闽南海洋文化。在这其中台港澳的闽南人以及海外的闽南华人华侨作出了许许多多的贡献。

不过，关于工业时代的闽南海洋文化已经是另外一个研究课题。

四、 闽南海洋历史文化的内涵

海洋文化是人类在特定的时空范畴内，与海洋互动而生成的所有物质与非物质的文化，包括相关的经济、军事、科技、文化交流等活动，因海而生的各种生活方式，以及行为、习惯、制度、语言、艺术、思维方式和价值取向。

闽南的海洋历史文化大致包含以下几种。

1. 闽南渔业文化

闽南的渔业分为内海、外海和远洋的捕捞，还有滩涂和近海的养殖以及相关的加工业。由此产生各种生活习俗、口传文学、民间信俗等渔文化。出海的渔民被称为"讨海人"。沿海半农半渔的村落耕耘滩涂和近海，被称为"讨小海"。

2. 闽南盐业文化

闽南沿海半农半渔的村落，有的占有地利，很早就在自己的海湾滩头开辟出盐埕，并形成了一整套海水晒盐的生产技术、相关的工艺流程和生产工具。古时候，闽南绝大多数的盐业生产都有官方的介入，实行了盐业专卖的制度，但食盐的生产和走私，却也是绵延不绝。在这样的经济生产、交流、制度之上，产生了独具特色的闽南海盐文化。从事这一行业的人被称为"做盐的"、盐埕工。

3. 闽南船舶文化

福船是我国历史上远洋船舶最杰出的代表。福船的创造和生产，起于五代至两宋时期的闽南。其后历朝历代的闽南人不断地对福船进行创新、改造，直至清初创制了同安梭船，呈现了闽南造船技艺独树一帜、领先世界的风貌。从事这一行业的人被称为造船人。他们不但创造、传承、发展了造船的技艺，而且创造传承了相关的民俗习惯、口传文学、民间制度、民间信俗，极大地丰富了闽南海洋历史文化。这一文化在现今造王船的技艺和习俗中被较好地传承和留存，但也面临着后继无人的境况。

4. 闽南航海文化

这一文化包括观测天象、海象的智慧，制作牵星图、针路图、水罗盘的技艺，染制海上服装、风帆的技术，海上养猪、补水等创造供给的智慧，尤其是与风浪搏击的技艺和智慧等等。闽南人称航海人为"行船人"。他们拥有默契的团队精神，创造了独具特色的民俗习惯、专有名词和民间信俗。他们同舟共济、不畏强暴的精神深刻地影响了闽南文化的价值取向。

5. 闽南路头文化

闽南人把码头称作"路头"。"路头工""路头王"

"路头好汉"，还有过驳舢板的船工，以及雇请船工、路头工的货主等构成了闽南港口文化的主体，演出了闽南路头一幕幕人生剧。

6. 闽南海商文化

郊商郊行虽然是清以后才出现在文献典籍上，但闽南从五代开始的海上交通贸易就是在城郊外设立"云栈"。郊商郊行和侨商，是闽南海商最主要的群体，产生了一整套贸易制度和贸易体制，深刻地影响了清朝时期闽台两地海峡经济区的形成以及中国与东南亚的经济文化交流，推动了台湾文化和南洋华人华侨文化的形成。

当然，明海禁两百多年所催生的闽南海上武装贸易集团，也有自己的贸易体制和贸易制度，也催生了独具特色的海商文化，并深刻地影响了后世的海洋文化发展。

7. 台湾文化

台湾文化是中华文化的又一个区域文化，由多种文化融合而成，但它的主体无疑是闽南文化。台湾75%的人祖籍闽南，90%以上的人讲闽南话，大多数人信奉和参与闽南民间信俗活动，所有这些都源起于"开台第一人"颜思齐开始的"唐山过台湾"。闽南人的分香、分炉、分庙和其后的进香、谒祖、续谱，让闽南文化深深地扎根于台湾，并在那儿吸收融合其他的种种文化，不断地有新的创造和发展，回馈闽南原乡故土。

8. 华侨华人文化

闽南人下南洋历史极其悠久，不过最大量的迁徙南洋是在鸦片战争以后。闽南的华人华侨分为两支，一支落叶归根，以陈嘉庚这样的归国华侨为代表；一支落地生根，以峇峇娘惹为代表。当然还有所谓的"新侨"，他们大都已经在居住国落地生根、开花结果。他们各自都创造和形成了具有鲜明特色的华侨文化，成为闽南海洋文化重要的组成部分。

9. 海防文化

闽南人鲜有凭自己的武装去霸占他人领土、掠夺他人财产的历史，有的只是因别人来侵略来掠夺而奋起的反抗和防卫。大航海时代，荷兰人来犯，被郑芝龙、郑成功父子打得落败而归。鸦片战争以后，闽南人与英国人、法国人、日本人都交过手，挨打的情况多，但依然不屈不挠，英雄辈出，书写了闽南海洋文化壮丽的一页。

10. 海盗文化

有海就有盗。闽南海盗的历史也非常久远，早在唐代、五代的时候，商船出航都要结伴而行以避海盗。推动闽南海盗横行的，是明朝的海禁，大多数的海商不得不成为海盗，结成海上贸易武装集团。明朝的"倭寇"，实际上很多是闽南人为了获取贸易的货源伪装的强盗行为。后来开海，朝廷又采取以盗治盗的策略，贻害无穷。闽南的海盗时起时伏、绵延不断，直到1949年新中国成立才算结束了闽南海盗的历史。

不过闽南的海盗对台湾的开发，对南洋的早期开发，却也是有贡献的。他们也形成了自己一整套独特的习俗和行为规范。无论是正面还是负面的历史经验，都值得我们研究。

11. 水客蛇头

这是一个非常独特的群体，历史非常悠久。他们往来于闽南和台湾、闽南和南洋，为人们传递信息，传送物品、金钱，最后形成了侨批行业。但这只是他们业务的一小部分。他们还走私物品，协助偷渡，贩卖人口。他们也形成了自己一整套的规矩，甚至行话。除了后来的侨批引起关注，水客、蛇头的文化却很少被人们所关注。

当然，研究闽南海洋历史文化，除了上述从人员、行业分类来展开研究，也可以按照西方分科治学的办法，把闽南海洋历史文化切割成民俗、宗教、技艺、艺术、口传文学、海洋科技等等。从历史学角度还可以分为航海史、贸易史、渔业史、海防史、海难史等等。

还有另外一种研究办法。即六个问题的研究法：

在哪里？——闽南海洋文化的区域范围。

哪里来？——闽南海洋文化的历史。

有什么？——闽南海洋文化的内涵。

是什么？——闽南海洋文化的核心精神。

怎么样？——闽南海洋文化的现状。

哪里去？——闽南海洋文化的未来走向。

这是将闽南海洋文化视为一个整体，一个生命体，来展开全面的、长时段的、动态性的系统研究。

这几种不同的分类和研究方法，并无高下之分，只是观察事物的角度和方法的不同。

鉴于我们的队伍、经费和我们所据有的资料的局限，我们选择第一和第二种方法的结合，从五个专题切入，编写六本小册子：《走向海洋——从刺桐港到月港》（作者蔡少谦、黄锡源），《思明与海》（作者陈耕），《讨海人——玉沙坡涛声》（作者陈复授），《东南屏障——从中左所到英雄城市》（作者韩栽茂），《飞越海峡的歌》（作者符坤龙），《闽南人下南洋》（作者蔡亚约）。

今后若有可能，则还想继续组织研究闽南海商、闽南行船人、闽南造船人、闽南路头工、闽南海盗等方面的课题。

当然就我个人而言，更期待能够有机会、有支持，来展开对闽南海洋文化整体的系统的研究。

中国的海洋文化已经有许多先哲和同仁开展了出色的研究，我们是后来者。由于视野和资料的局限，仅仅关注于闽南、厦门海洋历史文化的探索。期待方家和读者的指教。

以上的主要观点，我在 2019 年 12 月 14 日厦门市文化和旅游局主办的"人与海洋"学术研讨会发表过，做了些修改，权作本丛书的序。

陈耕

（厦门市闽南文化研究会原会长）

2019 年 12 月 16 日

目　录

第一章　寥廓闽海筑屏障

第一节　厦门重要的地理位置

福建古为闽地，在元代分为福州、兴化、建宁、延平、汀州、邵武、泉州、漳州八路，明代改为八府，清代沿用，福建因此称为八闽。

厦门在福建省东南部九龙江出海口的金门港内，市区主要包括厦门岛与鼓浪屿两部分。厦门市背靠福建南部的漳州、泉州两市，面对金门县，隔着台湾海峡与台湾、澎湖遥遥相对。厦门岛冈陵起伏，海岸线曲折多弯，东北部和东南部是丘陵地带，西北稍平缓。厦门旧市区在厦门岛上地势较为平坦的西南部，三面临海，北邻筼筜港，港口外围分布一系列大小岛屿，周围群山环抱，构成天然防波屏障，形成厦门湾。

天南锁钥

1

就军事而言，"天南锁钥"这镶嵌在胡里山炮台西城门横匾上的四个大字，画龙点睛地说明了厦门湾和胡里山炮台重要的战略地位。清代诗人李惺的七律《厦门》这样写道：

分控东南接大荒，八闽门户此雄疆。

山身戴石千头黑，海面粘天一气黄。

不仅描述了厦门的天然景色，而且还精辟地议论了厦门的形势，"厦门一岛，孤悬闽南，远控台、澎，近接金门，又为泉、漳屏障，与粤东毗连，洋面四通八达，实为全闽咽喉门户"和"全闽锁钥"。厦门地处福建东南，面临大海，形势十分险要。古人曰"厦为漳郡之咽喉，泉郡之名区，海滨之要地"；又说"厦门高居堂奥，雄视漳泉"，"同安三面距海，金厦尤为险要，门户之防也"。尽管厦门岛只占福建全省面积的千分之一，可是特殊的地理位置和长期反侵略斗争的历史，使它不仅成为八闽的重要门户——"厦门为漳泉保障"，而且成为"闽台咽喉"，具有重要的战略地位。随着时代的发展，厦门更成为"扼中国海上南北交通之要冲，抗击敌海上入侵的重要前沿重地"，中外兵家的必争之城。可以说，自南宋以来800年间，厦门始终是我国东南沿海抗击外敌海上入侵的重要前沿阵地。

就贸易而言，厦门港是海上丝绸之路东端起点之一。厦门港位于泉州、漳州二府交界之处，历史上其周边是分别隶属于二州的晋江、龙溪、海澄诸县。在厦门港北端，有隶属于泉州晋江的安平港；在厦门港西边的九龙江口，有隶属于漳州府海澄县的月港。两港的兴盛为厦门港的崛起、繁荣打下了基础。特别是有"天子南库"之称、海上丝绸之路东端起点的月港，一直以厦门为外港，"作为放洋始点"，船舶于此候风出海。后来月港衰落了，厦门港随之成为海上丝绸之路的重要港口。因此，谁控制了厦门港，谁便拥有对外贸易的主动权。

海防与海外贸易有密切的关系：从元末明初倭寇武装掠夺和

骚扰，到明末清初葡萄牙人、荷兰人入侵厦门，1840—1841 年
"鸦片战争"厦门抗英保卫战，以及 1900 年日本出兵厦门的"厦
门事件"和 1937—1938 年厦门抗战，再到新中国成立，1958 年
的金门炮战，无不与经济、贸易上的利益直接相关。

厦门，因海防而建城，因海港而繁荣，因繁荣而御敌，因
"两岸"而引人注目。

第二节　厦门海防之沿革

厦门海防可分为古代、近代和当代三个历史阶段。

古代厦门海防：厦门军事设置可追溯到宋元时期，而真正意
义的海防始于明代中左所，洪武年间江夏侯周德兴建中左所，也
就是后来的厦门城，当时城门有 4 座，调派永宁卫中、左千户所
官兵 1000 多名于此驻防。厦门中左所隶属福建都指挥使司，与
金门所城、高浦所城，以及永宁
卫城、镇海卫城互为犄角，巩固
了海防。中左所后毁于第一次鸦
片战争。

元末明初，因为倭寇和海盗
之乱，明廷在福建沿海设立了五
卫十二所等军事城堡。在厦门建
有中左守御千户所城，由于其很
强的守卫和防御能力，倭寇不敢
轻易侵犯。

明末清初，海防重点对象演
变为西方列强，其中也包括
1868 年"明治维新"后的日本。
随着大航海时代到来，葡萄牙、

五卫十二所及中左所示意图（彭一
万供稿）

西班牙特别是荷兰殖民者也频繁骚扰、侵犯厦门，厦门军民英勇奋战，著名的例子有：沈有容单舟退荷，收复澎湖；徐一鸣中左所剿夷；南居益智擒夷首，浮海复澎湖；料罗湾歼荷驱荷，郑氏掌控海丝路；郑成功率大军跨海东征，收复台湾；鸦片战争，厦门军民进行了三次英勇的抗英保卫战。

近代厦门海防：是从 1874 年日本南进图谋侵略台湾、厦门始，以胡里山炮台为代表的要塞炮台重建，到 1949 年国民党败退台湾止。著名的抗击日军的历史事件有. 在 1900 年日本出兵侵占鹭岛时厦门军民奋起抵抗，粉碎了日本"南进"侵略中国阴谋的"厦门事件"；1937－1938 年厦门抗日保卫战中，首开中国战区击沉日本"箬竹"型驱逐舰、击伤"羽风"号战舰各一艘的辉煌战绩。

当代厦门海防：从 1949 年至今。1949 年 10 月 17 日厦门解放，1958 年爆发了震惊中外的"金门炮战""八二四海战"，粉碎了美帝制造"两个中国"的阴谋。

总之，面对外敌入侵，厦门爱国军民前仆后继，进行了英勇的抗击。厦门湾始终是我国东南沿海抗击外敌海上入侵的重要前沿阵地，同时，也是当代中国维护国家统一、保障和平建设与维护海洋权益的前哨堡垒。

第三节　垒城水战兵，抗倭震海疆

一、筑厦门城，置中左所

厦门岛派兵驻防始于宋朝。元代，海盗、倭寇经常在东南沿海为患。为防海盗、倭寇，至元十九年（1282 年），元世祖"调扬州合必军三千人镇泉州，戍列城，置嘉禾千户戍"，在厦门设立了第一个军事机构。

元末明初，"海氛不靖"，倭患愈烈。为抗倭保民，明洪武十四年（1381 年）设"嘉禾巡检"（文职）。十七年（1384 年）春，明太祖下诏信国公汤和，赋予沿海"筑城防贼"任务。江夏侯周德兴、信国公汤和奉旨巡视福建滨海要害处筑城时，选中厦门作为设置中左所的地点。厦门和金门（浯州）历史上隶属同安，嘉禾屿建中左所后，嘉禾屿与浯洲岛可以形成同安地形"蛰"之两大脚，进可以攻，退可以守。由于厦门所处的特殊地理位置和地形条件，特奏请于嘉禾屿筑厦门城，置于永宁卫所管辖。明洪武二十五年（1392 年），江夏侯周德兴"特奏嘉禾屿筑厦门城，置于永宁卫中左所"获准，由永宁卫指挥谢柱兴建厦门城，历时两年，于明洪武二十七年（1394 年）筑成，中左所军进驻。

1. 厦门城修筑与变迁。厦门是漳（州）、泉（州）门户和九龙江入海口，明政府认识到它是当时重要的战略要地，因此，在此设立了千户所——中左守御千户所，并选择厦门西南高地筑城。根据《鹭江志》记载，厦门城"周四

明 1602 年中左千户所城图（龚洁供稿）

百二十五丈九尺（约 1420 米），高连女墙一丈九尺（6.33 米），阔八尺五寸（2.83 米），窝铺二十二，垛子四百九十六，门四：南曰洽德，北曰潢枢，东曰启明，西曰怀音。上各建楼……"

到明代永乐、正统年间，厦门城又数次修整和加固。明永乐十五年（1417 年），都指挥谷祥把厦门城墙增高三尺（近一米），并在 4 个城门增砌月城。正统八年（1443 年），都指挥刘亮督千户韩添在城门增设敌楼，同时在城墙内以花岗岩石块护之。明万历三十年（1602 年），"掌印千户黄銮重新所署及城"。

明清之际，厦门成为南明政权郑氏集团与清军展开争夺和拉

锯战的军事重镇，清顺治十二年（1655 年），郑成功攻取厦门，加固厦门城；清康熙二十年（1681 年）清军攻下厦门，为防郑氏集团反攻，由"总督李率泰令隳岛城"。康熙二十二年（1683 年）清廷收复台湾后，福建水师提督移驻厦门城内，靖海侯施琅"领水师驻扎于此"，同年，"表奏朝廷，重葺城窝，大建行署"。历时两年，于康熙二十四年（1685 年）建成，"厦门石城，周六百丈，东西南北为四门，各建楼其上，为水师提督驻扎"。此后，清乾隆十七年（1752 年），同安知县张元芝主持再次修葺城垣，由贡生黄名芳具体负责修城事务。

（清乾隆）《鹭江志》"鹭岛全图"

清乾隆时期厦门城

厦门城建成后，"高居堂奥，雄视漳泉，中左之镇域也"。明朝时，福建巡抚南居益驱逐荷兰殖民者之后视师中左所时写下了两首诗，"寥廓闽天际，纵横岛屿微。长风吹浪立，片雨挟潮飞。半夜防维楫，中流谨袽衣。听鸡频起舞，万里待扬威"；"一区精卫土，孤戍海南边。潮涌三军气，云蒸万灶烟。有山堪砥柱，无地足屯田。貔虎聊防汛，蛟龙隐藉眠"。诗中抒发了将士不畏微屿孤城，信心百倍，顶风破浪，万里扬威的情怀。

明代何乔远《登城》中"滇渤周遭绕戍城，苍苍寒月海头生，北风正卷南夷舸，山垒全屯水战兵"之句抒发了对将士奋勇守城，抵御外侮的崇敬之情。

2. 中左所驻军。厦门防御体系主要由卫所的城防和水寨的海上巡逻组成，厦门属于战略要地，中左守御千户所兵员等建制超出其他一般千户所，按当时兵制，设兵额 1204 名，配备战船 10 只，每艘配备士兵 100 名。

二、御倭城外，扬威万里

厦门城是征倭剿夷的重要基地。元明时期，倭寇、海盗为乱中国，从 1358 年（元代至正后期）至 1618 年（明万历 40 年），前后 260 年，其间以明嘉靖年间最为猖獗。嘉靖年间的倭寇与盗贼勾结，首先从厦门岛发难。

明正统十四年（1449 年），海贼张秉彝驾海船二百余，攻掠中左所，邑人叶秉乾率义兵迎战。海贼退到高浦，义兵包围海贼，叶秉乾力战而死。

明嘉靖二十四年（1545 年）"海寇掠中左所。时值饥荒，寇登岸，杀居民，搂辱妇女，索银赎命"，此次倭祸没有遭到官兵抵抗，厦门的人民受害惨烈。

明嘉靖二十六年（1547 年）葡萄牙人武装船只"犯漳州月港"，夜泊浯屿。巡海副使柯乔发兵攻之，驱走侵略者。第二年夏四月，葡萄牙人再次侵占浯屿，都指挥卢镗大败贼于浯屿。六月，葡萄牙人又在厦门附近的大担等外屿，同奸民姚光瑞等 100 多人勾结，往来接济，并在厦门一带抢掠，柯乔等"设法火攻"，葡人诈降遁去，后侵占我国澳门作为其侵略基地。

明嘉靖三十六年（1557 年）冬十一月，倭泊浯屿，掠同安。

三十七年（1558年）倭寇攻占浯屿，火烧水寨，再攻同安。知县徐宗爽率兵迎战，勇士郭富在射杀倭寇立了功，但他不受奖赏，又率众缒城追杀敌人，浴血格斗到援绝阵亡。五月，海贼洪泽珍巢旧浯屿。冬，倭再泊浯屿。三十八年（1559年）春正月，倭自浯屿掠月港、珠油、官屿，五月，掠大嶝。新倭自浙至浯屿焚掠。

明嘉靖三十九年（1560年），在厦门附近海面进行了一次较大规模的抗倭战役。那年三月，倭首阿十机从料罗湾登上金门岛，抢掠金门十七都。四月，漳州海贼谢万贯率10余只舟船自浯屿、月港而来，纵火屠杀，大掠。同安知县带领各乡征集来的义兵，渡海救援。他们配合明朝官军，在海沧、白石、井尾等地打败敌人，迫使倭寇逃走。五月间，参将王麟、把总邓一贵带领军队，分别在鼓浪屿、东砟、镇海山、刺屿尾等处，同倭寇展开血战，连连告捷。这一战打沉倭船几十只，打死和俘虏倭寇、海盗几百名，擒获倭寇头目"亚里国王"、尚乾以及海盗头目许西池、徐老等人。这是第一次规模较大的反侵略斗争，在厦门历史上留下了胜利的记录。

明代的厦门，除1449年和1545年"海寇掠中左所"外，史书上几乎不再有倭寇进犯中左所的记载。这是由于当时的厦门建有中左守御千户所城，厦门四周又建有较为严密的水寨、巡检司、烽燧等军事防御工事，而且进行了军事调整，加强了厦门守卫和军事管治权。明初建立卫所时福建沿海3座水寨中，其中兵力最强的浯屿水寨又于嘉靖三十八年（1559年）移驻厦门中左所，大大充实了厦门的兵力，使厦门具有很强的守卫和防御能力，令倭寇不敢轻易进犯。为了抗击倭寇，万历二十一年（1593年）又设澎湖游兵，驻厦门；同年，福建水军南路参将，由铜山移驻厦门，以使居中调度铜山、浯屿寨。天启元年（1621年），新设福建泉南游击，设"游击中左所"驻厦门，统泉郡陆兵两营和浯屿、澎湖、冲锋三寨水兵，厦门真正成为闽南的军事要地。

在明代抗击外来侵略的战争中，尽管厦门城下未发生战事，但它是军事指挥中枢，作为陆上军事基地发挥了强大的威慑作用，为厦门军民海上驱敌提供了坚实有力的保证。同时，厦门城的建造和军事防卫力量的加强，使人民能安居乐业，经济繁荣发展，这正是厦门能够发展成为繁荣港口、海上丝绸之路起点的重要保证之一。

第二章　孤戍剿红夷，东征复台澎

第一节　海丝门户港，荷夷窥觊地

一、繁华厦门港，荷夷窥觊地

16、17世纪的西方资产阶级正处于发展期，对外扩张是其原始资本积累的需要，新兴资产阶级一方面要寻找原料供应地，另一方面力图扩大商品销售市场，神秘的东方大陆成了西方殖民者向往的天堂。最先到达东方的是西班牙人和葡萄牙人，其次是荷兰人，再后来是英国人。他们在我国的东南沿海厦门湾测量水深、绘制海图、建立城堡等，不断进行海盗式的掠夺。

明朝建立初年，为防止日益严重的倭患，厉行海禁政策，在厦门岛修筑军事要塞，设立永宁卫的中左所，在厦门岛之外的"浯屿"、金门等岛屿又建立了水寨。浯屿水寨外有控大小担屿之险，内可以绝海门月港之奸，以严禁沿海居民私自出海贸易。因此，泉州港的海外贸易日渐寥落。但这并没有切断沿海居民对外联系，以漳州人为核心的民间贸易，自明永乐年间开始，在月港悄然而起，最后，依托厦门湾的厦门港发展起来，成为海上走私贸易的据点。

明朝中期，月港得到进一步发展。一是冲破海禁"私自下番"规模增大，二是开始将外国商船引到我国沿海进行走私贸易，三是出现了一大批私人海上贸易集团，他们兼有武装，亦商亦盗。"成（化）弘（治）之际（1465－1505年）称'小苏杭'者，非月港乎"。隆庆元年（1567年），明政府开放海禁，月港

"准贩东西洋"，成为当时中国唯一合法的允许民众对外贸易的商港。万历年间是月港发展的黄金时代，"四方异客，皆集月港"，往返商旅，相望于途。月港的繁荣，给明政府带来巨大的关税收入，月港因此有"天子南库"之称。

当著名的月港列艘云集之际，却因月港属于内河港，九龙江港道狭窄水浅和港口的局限性，使其大船无法驶入和容纳过多小船。因此，许多大商船都必须停泊在厦门海域等待装货，从月港海澄港口启航运货，由于"此间水浅，商人发舶，必用数小舟弋之，舶乃得行"，短短几公里水路，需根据潮汐涨退，舟船"计一潮至圭屿"，再"半潮至中左所"，得花费两天时间才能将货物和大商船接驳装货，经盘验后"移驻曾家澳（曾厝垵——作者注），候风开驾"。

据万历《漳州府志》记载，月港周围有卢沈港、普贤港、海沧港、东头港、筼筜港、鸿江港，其中的海沧港、东头港、筼筜港、鸿江港现在都属于厦门港，由此可知，当时的厦门港已是月港外港。出海的商船必须在厦门港盘验，后来因故改在位于厦门岛西南的圭屿。不过，商船都在厦门岛东南部的曾家澳"候风开驾，以厦门作为放洋始点"。此时的厦门港，如举人池显方于明天启四年（1624年）在《大同赋》中所描绘的"又有嘉禾，弥迤鹭门。……旁达西洋，商舶四穷。

繁盛的厦门港

厦门港略图

冬发鹢首，夏返梓枕。朱提成岳，珍巧如嵩。醺醾如淮，肴品若岈，俳优传奇，青楼侑觞"，一片因贩洋贸易而生出的辐辏楫靡、商货云集的繁华景象。也因此，厦门港成为荷兰侵略者的窥觊之地。

二、厦门港重要的地理位置

明代中叶也是古代文明世界从分散孤立状态走向融合的分水岭，由于郑和、哥伦布、达·伽马、麦哲伦等航海家的贡献，到明代中晚期，环球贸易体系已初步建立，中国商品开始通过这一航海体系直接进入欧洲与美洲市场并获得较大的利润。由于漳州的月港已经成为东亚贸易的中枢，从而使厦门湾和台湾海峡成为这一航海体系中的重要通道之一。因此，为争夺与瓜分来自东方的财富，西方的葡萄牙、西班牙、荷兰等国家，纷纷在东南亚建立殖民地，力图打开对中国贸易的通道，这造成东亚国际形势急剧变化，并大大改变了东方的贸易形态。对这一变化作出适时反应的是福建商人，他们与葡萄牙商人、西班牙商人以及日本商人分别建立了贸易关系。只不过在崇祯九年（1636年），日本德川幕府颁布了禁止出海令之后，日本商人退出东亚市场的竞争。因此，晚明东亚市场上，主要是福建人、西班牙人、葡萄牙人三股力量。但是，这种三足鼎立的商业形势被后到的荷兰殖民者打破。

晚明东亚国际贸易的格局表明：厦门湾和台湾海峡是东亚多条贸易线路必经的关键区域。

其一，月港是当时中国国内唯一获准进行海外贸易的港口。当时漫长的中国海岸线，只有月港（即海澄县，位于漳州与厦门之间）的商人可以自由到海外贸易，它与允许外国人自由进入的我国澳门一同成为中国两大商品输出的口岸。因此，谁控制了厦门湾和台湾海峡，便有可能得到源源不断的中国商品，从而保证东亚贸易线上基本商品的供应。倘若切断了月港的对外通道，也就基本断绝了福建商人主动的海外贸易。

其二，白银之路。从月港到马尼拉是中国与西班牙贸易的主要线路，美洲白银通过这一条线路以空前的规模输入中国，对渴求白银的福建商人来说，对马尼拉贸易实为对外贸易中最重要的一条线路。而对荷兰人来说，他们若能控制厦门湾和台湾海峡，便有可能切断这一线路，使福建商人听自己的指挥，并打败商业上的劲敌西班牙人。

其三，福建商人与澳门的贸易，也要通过厦门湾和台湾海峡。因此，荷兰人如果控制了厦门湾和台湾海峡，便能击败另一个劲敌——侵占我国澳门的葡萄牙人。

其四，厦门湾和台湾海峡是东南亚诸国前往日本贸易的必经水道，由于日本盛产金银且对中国商品的需求极为旺盛，荷兰人如果控制了厦门湾和台湾海峡，便可控制对日本贸易，沉重地打击自己的竞争对手——西、葡商人与福建商人。

总之，晚明的厦门湾和台湾海峡是东亚最为重要的国际通道。因此，谁控制了台湾海峡，特别是占有了拱卫月港的门户——厦门，谁便拥有了东亚贸易的主动权。

第二节　厦门城——歼荷驱荷的军事要塞

16 世纪 90 年代，葡萄牙、西班牙渐渐衰落，新兴的荷兰人接管了远东水域的势力范围，并试图拓展与中国方面的贸易往来。由于受明廷海禁令影响，荷兰船只仅能停泊在厦门湾周边，并在中间商的协助下才将货物运上船只交易。荷兰人侵占台澎，以此为基地和跳板，以武力促贸易，干起了在本质上为走私行为的所谓贸易。

万历三十年（1602 年），荷兰东印度公司成立，为了夺取一个对华贸易的基地，选中厦门作为主要目标。因厦门僻处海岛，拥有深水良港，且兵单力薄，于是成为中国商人和荷兰人"密买丝绸，装载发卖诸夷"、走私冒险的乐园。

一、沈有容单舟退荷，徐一鸣中左所剿夷

1603 年 7 月，荷兰侵略者与奸商李旦、潘秀和郭震勾结，首次侵占澎湖。在澎湖登陆后，荷兰侵略者在韦麻郎和粟葛的率领下，伐木筑舍，"援东澳市佛郎机故事，请开市闽海上"，其用意是想将澎湖变作第二个澳门。

荷兰侵略者来到闽海，贿赂福建税监高寀，要求与中国互市。他们船坚炮利，当兵舰停泊在澎湖时，"全闽风声鹤唳"。他们的"互市"要求被认为"兹举之皆乎利一而害百矣"。当时，沈有容也力主不可谈，他说："夷意岂在市，不过悬重赂饵我，幸而售，将鼾睡卧侧，踵香山澳故事，睥睨中土尔。"沈有容的分析可谓一针见血，揭穿了荷兰人要求"互市"的真正意图是占领中国领土。为了回击荷兰人的嚣张气焰和无理要求，福建主事者决定派沈有容前往澎湖清剿。可是沈有容却对清剿荷兰人提出了不同的看法，他说："彼来求市，非为寇也，奈何剿之，剿而得胜，徒杀无罪，不足明中国广大，不胜则轻罢百姓。不如询之，第令无所得利，徐当自去也。"沈有容对荷兰人的态度一反当年对倭寇用兵清剿的政策是不无道理的，事实证明"谕退"红夷的办法是可取的。

1604 年 7 月，荷兰人写信威胁福建地方官开放自由贸易。明廷采用"谕退"方针，派出剿倭名将沈有容从厦门前往谈判。沈有容承担起"谕退"红夷的重任。于是，将军从厦门"以一舴艋驰之"。红毛番首事韦麻郎远远见沈有容单舟前来，十分惊讶。沈有容"谕见麻郎，指陈利害"，互市是关乎国家的大事，不是靠贿赂地方官就可以得到的，况且地方官均为朝臣，受贿者于法当斩，又怎么做得了这个主呢？"若等皆良商，独不识此乎?"直说得韦麻郎哑口无言。荷兰人在沈有容义正辞严的劝谕下悄悄地

回国了，韦麻郎临行前"图容象"，以示对沈氏威名和英雄气概的尊敬。

"将军以一叶之师，贻海上百年之安；以三寸之舌，胜倾国百万之众"。当胜利消息传来时，"渔人歌于舟，海滨之人歌于途，烽隧游檄之士歌于军"来表达自己的喜悦之情。这次沈有容不战而屈人之兵，无疑是中国历史上一次成功的外交事件，维护了中国在澎湖地区的领土主权。今天，在澎湖马公天后宫仍有一方"沈有容谕退红毛番韦麻郎"的纪念碑石。

荷兰人对明朝长期不允许外国人至闽贸易的状况最终失去了耐性，18 年后，他们再次决定以海上掠劫的方式逼迫中国方面就范。

1622 年，荷兰人由雷约兹率队卷土重来，于 7 月夺取澎湖。10 月 18 日，8 艘荷舰攻厦，所到之处烧杀抢掠，还在闽南洋面截捕我商渔船只。是年冬十月，"福建总兵官徐一鸣率兵驻中左所剿红夷"，荷军损失惨重，不得不于第二年 5 月撤出闽南海域。位于鸿山公园内的"徐一鸣攻剿红夷石刻"即是历史见证。

1622 年徐一鸣等攻剿红夷石刻

二、南居益智擒夷首，浮海复澎湖

1623 年由弗朗斯率领的 5 艘荷兰战船再次进犯曾厝垵、鼓浪屿等地。把总王梦熊领兵迎战，打退敌人。10 月 25 日，由弗朗斯率领"麦登"号和"伊罗斯莫斯"号战舰航抵南太武附近抛锚停泊，以武力胁迫开放港口。

福建巡抚南居益等决定将计就计，以"互市"为饵诱敌入港，一网打尽。于是致函荷方，请其派人到厦门会晤，在宴会上，被灌醉的荷兰司令官弗朗斯等人束手就擒，后被押往北京，刑于西市。另一边派都督徐一鸣率水师椎牛载酒至荷舰，假称有意互市特来犒师，待侵略军酒酣之际，徐一鸣率兵急下小艇，并使用预备好的油蓑火器乘风纵火。这时，荷兰战舰被我方战船、火船、舢舨团团围住。"伊罗斯莫斯"号拼命冲开火船，仓皇脱逃。"麦登"号被烧毁，葬身港内。

朱　冯和赵纾两位将军都参加了这次行动，所以虎溪岩后山有"朱一冯攻剿红夷石刻"，白鹿洞佛殿后有"赵纾攻剿红夷石刻"。

赵纾、朱一冯征剿红夷石刻

1624年2月20日，南居益亲率大军从厦门浮海至金门，下令向盘踞澎湖岛的荷军发起总攻。8月，殖民者见大势已去，只好树起白旗，在明军监视下拆除经营两年的澎湖要塞，灰溜溜地"扬帆去"。

但由于明军没能乘胜追击，致使荷兰侵略者乘机侵占了台湾，留下了1633年荷兰侵略者再度进攻厦门港的伏笔。

三、料罗湾歼荷驱荷，郑氏掌控海丝路

从 16 世纪到 17 世纪，西方殖民者的入侵，破坏了沿海人民的和平生活和海上自由贸易，引发了中国人民同外国侵略者之间的矛盾。其中郑氏集团在金门料罗湾与荷兰人展开震惊中外的大海战，歼荷驱荷，郑氏最终掌控了海丝路。

郑氏集团的开创者郑芝龙（郑成功之父），17 世纪 30 年代在闽粤沿海从事海上贸易活动及对日本贸易，并随后成为拥有强大的海上私人武装的海商首领。早年郑芝龙就认识到厦门的重要地位，天启六年（1626 年）三月"连舟浮海，……进泊金门、厦门，竖旗招兵"。天启七年（1627 年）夏六月，"郑芝龙自旧镇（漳浦县郊）犯中左所，总兵俞咨皋战败，芝龙入据之"。1628 年郑芝龙为明廷招抚后，以厦门为据点大力发展海上贸易，并借助明廷的名号和力量，铲除与之竞争的其他海盗、海商集团，垄断了东南沿海贸易，势力强大，拥有海船 1000 余艘。按每船 60 人计，其兵力至少七八万，其中一半战船和兵力部署在厦门。"海舶不得郑氏令旗，不能往来。……其守城兵自给饷，不取于官。旗帜鲜明，戈甲坚利，故八闽以郑氏为长城"，郑氏掌控东南沿海海上贸易的专属权。

1633 年，荷兰人为了拥有东亚贸易的主动权，决定偷袭厦门港。

7 月 7 日，荷兰的普特曼斯率领 13 艘战舰，突袭明朝管辖的南澳，未能得手就掉头北上。12 日，荷兰舰队趁厦门港兵力空虚之时偷袭厦门港。此时明军守将张永产正在泉州操

明末（1633 年 7 月 12 日）荷兰战船突袭厦门港图（荷人画像）（杨帆供稿）

办器械，被明朝招安的海商首领郑芝龙也正率主力在福宁剿匪。结果，荷兰人烧毁和击沉了明、郑的 10 艘舰船，并登岸"大掠"。据荷兰人的记载：进攻厦门的荷兰舰队"跟随主船到一官（郑芝龙——作者注）船队中。主船发出第一炮，并挂出战旗，跟随着的四只船立刻勇敢地向一官的所有戎克（船）开火，这些船并无还击，在陆上的人亦是"。从古画《荷兰舰队进攻厦门港》上就可以清晰看出：一艘硝烟弥漫、高挂着荷兰旗帜的战舰，正在发炮进攻停靠在港内毫无戒备的厦门水帅，而远方的山头上，还飘扬着明朝守军的战旗。这幅荷兰人笔下的画，表达的是当年他们旗开得胜后的"豪气"。

事后，荷兰人封锁了厦门港，强迫金厦附近的村庄进贡猪牛等物，再次威胁中国方面开放海禁。

7 月 26 日，明廷的答复来了：荷兰人先赔偿战争损失，撤退至台湾，然后才有可能谈判商务问题。

谈判破裂后，恼羞成怒的荷舰再次进攻厦门，但这回却没有占到什么便宜。厦门游击张永产和同安知县熊汝霖，率明军击败入侵者后一直追至外洋。败退的荷军在海上游弋 20 余日，转而从金门料罗湾进窥海澄（今龙海——作者注）境，海澄知县梁兆阳率兵夜袭停泊在浯屿荷船，焚其小舟 3 艘，俘获 5 艘。此战后，荷兰人由于吃亏，不敢贸然进犯。

八九月份进入台风季节后，明荷双方只保持小范围接触。此时，明朝地方官员也在等待朝廷的示喻，双方都在磨刀霍霍。但荷兰人并没有想到的是，他们将要面对的不仅是明军，还包括郑氏集团这支迅猛崛起的海上武装集团，其复仇烈度将是侵略者吃不消的。

1633 年 9 月 22 日，崇祯皇帝下旨惩荷。福建巡抚邹维琏立即自省城抵达漳州，檄调各地文武将吏，大集舟师，"誓以一身拼死当夷"。10 月 15 日，他亲自来到海澄，誓师督战。

之前（即 7 月 7 日）荷军攻厦时损失最惨重的郑芝龙，被任命为先锋。为了给死难的绿林兄弟们报仇，他开启私人小金库并动用了江湖令：参战者每人给银 2 两；若烧了荷兰船，给银 200 两；砍一个荷兰人头给银 50 两（当时七品官员月俸仅白银 5 两——作者注）。重赏与义气激起了高涨的士气和斗志。

在明方积极备战时，荷兰人也不敢怠慢，招来了郑芝龙的对头海盗刘香作为增援。刘香带来战船 50 多艘，双方在厦金海域虎视眈眈，寻找战机。

1633 年 10 月 22 日，震惊世界的料罗湾大海战爆发了。

在这寂静的黎明，明郑 150 艘战船悄悄开到了金门岛南部料罗湾口，包围了停泊港口内的荷—刘联合舰队。按照事先布置，明郑军队主力直取荷舰，只以辅助部队对付海盗船。随着一声令下，以郑芝龙为先锋，顺东风采取两路突击、黑虎掏心的战术。明军采用了荷兰人在欧洲战场从未见过的火海战术，150 艘战船中，只有 50 艘是炮舰，其余 100 条小船是清一色的火船。在 50 艘大船火炮掩护下，百条火船蜂拥而上，搭钩点火。

荷兰人从来没有遭遇过这种火船铺天盖地蜂拥而上的场面，一阵喧嚣过后，参战的 9 艘荷兰大型战舰中，2 艘刚一开战即被火船搭住焚毁，另外 2 艘则在炮战中被硬碰硬击沉，此外又被俘 1 艘，其余几艘全部在受重伤后逃走。充当帮凶的刘香战船 50 艘也几乎全军覆没。

料罗湾这个天然良港，终于成了红毛鬼子的肠断之地。

料罗湾大战是荷兰人在远东空前的惨败，福建巡抚邹维琏在战后的奏捷书中写道："此一举也，生擒夷首一伪王、夷党数头目，烧沉夷众以千计，生擒夷众一百一十八名，斩夷级二十级，烧夷甲板巨舰五只，夺夷甲板巨舰一只，击破配夷贼小舟五十余只……闽粤自来红夷以来，数十年间，此举创闻。"荷兰方面自报阵亡 83 人，舰队司令普特曼斯在海战后即辞去司令之职。

料罗湾大战后，明军乘胜追击，一直打到荷兰不敢再骚扰中国沿海为止。而郑芝龙则死死咬住刘香不放，"一破之于石尾，再破之于定海，三破之于广河，四破之于白鸽，五破之于大担，六破之于钱澳"。最后将刘香逼得在决战中自焚溺死。

这样，郑氏集团最终夺取了从日本到南海的制海权，掌控了海丝路。当时凡航行在东亚地区的船只，都必须花钱购买郑氏的令旗，若无此旗，在东亚海面被拦截的概率超过 50%，若在福建沿海则 100% 被拦截，或樯倾楫摧。荷兰人不得不偷偷地以日本船的名义购买令旗，这对于当年号称"海上马车夫"、纵横大海的荷兰人简直是奇耻大辱。

自那以后，荷兰舰队在长达 20 年的时间里，再不敢和明朝叫板，直到 1661 年 4 月，郑成功率大军从厦金两岛起锚东征，驱荷复台。

四、郑成功跨海东征，驱荷复台

1644 年 3 月明朝灭亡。1646 年清兵入闽，郑芝龙降清，厦门地盘为郑联、郑彩兄弟所占。1650 年 8 月，郑成功袭杀郑联、郑彩，夺取了厦门，把厦门作为政治、经济和军事的根据地。他在踞厦 12 年间整军经武，对厦门施行了一系列军政和经济建设措施。

厦门是郑成功驻兵的重要据点。他在厦门训练军队，整顿兵船，建局造械，极力扩充武装力量。郑成功整编军队，建立五军，五军之下设镇，每镇五协，有官兵 1200 员。后来军队扩展，分为陆军 72 镇，水师 20 镇，共有官兵近 20 万人。郑成功有一支强大的海上舰队，大小舰船最多时达 5000 多艘，众多的战船均需要陆上据点为依托，因此，郑成功先后修整厦门城，加筑周围城寨，修建了龙头山寨、高崎寨、嘉兴寨、集美寨、羊角寨、湖连寨等。同时，还在鼓浪屿、集美及金门建立操练基地，在厦门下澳仔修筑演武场和演武亭，集各镇官兵日夜操练，成为威武之师。

1624 年荷兰侵略者侵占台湾后，在那里建立了据点。荷兰人在贸易上和军事上同郑成功商队多有摩擦和战争，惧于中左所军事力量及郑成功的威望，曾多次派人来厦探访、求见。1659 年何斌作为荷兰人的翻译来到厦门，他向郑成功献出一幅台湾地图，包含入台水路、台湾地形和荷兰人在岛上的炮台位置，促使郑成功下定决心收复台湾。

荷兰人强迫进入台湾的中国商船
必须悬挂荷兰国旗

1661 年 4 月，郑成功亲率将士 25000 人，大小战船 350 艘从金门的料罗湾出发，挥师东进，4 月 23 日乘潮入鹿耳门登岸，连败荷军，攻下赤嵌城，终于驱逐了荷兰殖民者，收复了我国领土台湾。

郑成功收复台湾，1662 年

郑荷战事

五、施琅进军台澎，完成统一

1662 年，郑成功在台湾病逝，1663 年，清军攻下厦门、金门二岛，时任水师提督施琅率师进入厦门镇守；1664 年，施琅奏请进攻台湾、澎湖，7 月清廷准其请，并封为靖海将军，率师东征。11 月施琅率大军从厦门扬帆出发，半路遭遇飓风而返回。1666 年，施琅又两次率船征台，均遭风浪所阻，无功而返。1681 年，康熙帝命施琅以"右都督充福建水师提督总兵官，加太子少保衔，前往福建，克期统领舟师进取澎湖、台湾"；10 月初，施琅抵厦门赴任，加紧练兵、整船、筹饷。1683 年 6 月初，清军战船 230 余艘，官兵 20000 余名从铜山湾（福建省东山县）出发，攻克澎湖后进逼台湾，迫使郑克塽不战而降，清朝统一台湾。

康熙二十二年（1683 年）清廷收复台湾后，福建水师提督移驻厦门城内，靖海侯施琅"领水师驻扎于此"，同年，"表奏朝廷，重葺城窝，大建行署"，历时两年，1685 年建成，重筑厦门海防。

厦门水师衙门（陈亚元供稿）

1832 年厦鼓海域 ［英］格雷厄所有（陈亚元供稿）

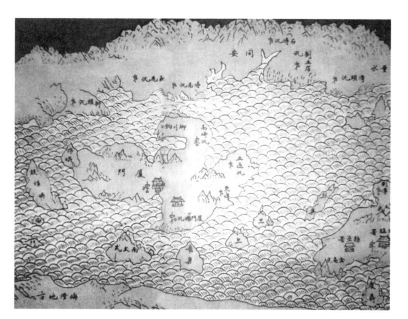

泉州海图厦门部分（清乾隆年间）（来自《图说厦门》，厦门市国土资源与房产管理局）

第三章 三战抗英，浴血鹭岛

第一节 繁盛海丝港，英夷窥觑地

一、厦门港的兴起、繁荣

明末清初，属内河航运和内河码头的九龙江月港衰落了，逐渐被水深港阔的厦门港所取代，厦门港成为闽南经济、航运、贸易中心。晚明来到中国的西班牙人这样描述道：中左所"是一个有 3000 户人家的市镇，能容纳大量的船"。崇祯六年（1633 年），"洋艘弗集于澄，监税归于厦岛"。这标志着厦门港已经取代漳州月港，成为重要的海上丝绸之路东端始发地之一。

康熙十九年（1681 年），清军将福建水师主力驻扎于此，并设置水师提督府及"台湾厦门兵备道督"，主持厦门与台湾防务。康熙二十三年（1684 年），在厦门设置了"闽海关厦门衙署"，厦门为渡台的唯一港口。由于认识到"海洋贸易实有益于民生"，清廷宣布开放海禁，禁锢已久的贩洋船，"无分大小"，迫不及待地"络绎而发"。康熙二十四年（1685 年），将闽海关设于厦门，同时，为方便"外来洋船委员"来厦经商，闽海关在厦门港曾厝垵设有专司接待外商来华贸易的馆驿——番馆（亦称红毛馆）。

为适应厦门海外贸易的迅猛发展，厦门海关根据其职能，增设了众多的小口岸，进行稽查、盘验等，市舶司和督饷馆对港口内的商、渔船等组织管理更加健全。

雍正五年（1727 年），厦门港被定为闽省唯一的通洋正口，从而结束了以前本省沿海厦门、福州、漳州、泉州、沙埕、台湾等港商船竞相出洋贸易的局面，厦门港的海外贸易迎来了黄金时代，并且代表着全省的外贸。漳、泉、福州的海商纷纷云集厦门，使厦门港逐渐成为国内沿海连接海外贸易网络的中心枢纽。

到了嘉庆元年（1796年），厦门港有商船千余艘。迄至清代后期，厦门已经是一个有 14 万人口的港口城市。厦门港的兴起、繁盛，以及厦门港的特殊地理位置，使它成为英国侵略者的窥觊之地。

厦门城内、外及港口情景图

二、蓄谋已久，虎视眈眈图良港

自 1814 年起到 1832 年，"英船在贩烟时，探测我航道港湾水深，绘描岛岸图形，侦查水陆防务"，为日后英国发动侵略中国的战争提供基础情报。

从 1835 年到 1839 年间，英国的印度协会、伦敦东印度公司与中国协会等多次致英国外交大臣巴麦尊函时建议：必须恢复英国从前对厦门通商的特权。

1839 年 8 月，伦敦侵华集团召开紧急会议，讨论侵华战争问题。会上，巴麦尊决定：英政府将封锁中国沿海，占领厦门。10 月巴麦尊签发标属机密件命令：战争开始后，占领厦门作为行动基地。这样，厦门就被列为他们最重视的 5 个口岸之一了。由此可见厦门港地理位置的重要性。他们看重这里既是对外贸易的重要港口，又可以停泊巨大的军舰，极具战略价值。英国侵略者对厦门垂涎已久，因此在鸦片战争爆发时，他们便把这个阴谋付诸行动了。

第二节 中外武器的"隔代碰撞"

一、厦门抗英保卫战历史背景

1839 年，全国各地开展了大规模的查禁鸦片活动，特别是林则徐虎门销烟、穿鼻洋痛击英军后，恼羞成怒的英国政府于 1840 年 2 月组建了一支有 16 艘军舰、28 艘运输船、4 艘武装汽艇（载兵 1000 人、装炮 540 门）的"东方远征军"，派遣时任英国驻华商务监督懿律为侵华远征军总司令，由准将伯麦任舰队司令，在美、法两国政府的支持下发动了侵华战争——鸦片战争。

英国此次的军事目标很明确：攻占浙江定海，封锁厦门、宁波、长江口等重要的出海口。

1840 年 7 月 2 日，英国远征军北上舟山，途经厦门时派载炮 44 门、拥有水兵 200 多人的战舰"布朗底"号战列舰进入厦门内港，向当地官员送交英国外相巴麦尊致中国宰相书的副本。当时厦门清军的实际情况据英军翻译罗伯聘的观察报告，"岸上清军有军官六人，士兵二、三百

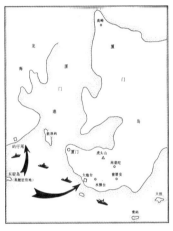

1840 年 7 月 2 日英舰第一次北上侵犯厦门形势图

英军载炮 44 门的"布郎底"号

人"。只有土枪土炮，与坚船利炮的英军作战，自然是十分不利。但厦门军民还是不畏强敌，坚决备战。

　　7月2日—3日，英军两次派兵"直扑炮台"，在闽浙总督邓廷桢的指挥下，护参将陈胜元率领守军奋起反击，赶走英军。见厦门港防守严密，英军将公文书装入一只小瓶，抛入水中，"转帆逃逸"北去舟山。这是鸦片战争时期厦门军民抗击英军战斗的第一次胜利。

闽浙总督邓廷桢　　护水师提标中军
　　　　　　　　参将陈胜元

1840年7月2日至3日厦门第一次中英海战

　　8月3日，道光皇帝收到邓廷桢发来奏折，告知厦门开战获胜，大为兴奋，朱批"所办甚好"，谕令奖恤伤亡官兵。

道光二十年八月十九日内阁奉
上谕据邓廷桢奏奖兵船来至厦门满捷官
仵力攻退一捣奖喏咐咧〔□〕双来至福建厦门
攒於七月二十五日悬挂红旗驶进青屿迳扑
撤臺理揆提督陈階平等带令水师自升开碳
率贲中炎船舣尾业擊碎其杉板一隻次日顗惠
船又狀向水师船開碳刹将叠德等迳进大灰
打中炎船二次诋即退出杉板仔尼山後
小港開砍擊率中炎人兵〔□〕跌側在船孩即退去列
尾迫高舶讀擊刹国樣等逼進與仔尼山後
已赴扰速去无殊此次攻擊炎船在本出力各員
等設暂擢其尤为出力者的諸敕员假每
打行益其陷陣受伤殞命之辦等格俚戲甚可
着交部議卹所有碑亡官兵並著詷分别
邾照例援卹致此

谕令邓廷桢奖恤伤亡官兵

8月21日—24日，英军攻陷定海后，按计划派载炮28门"鳄鱼"号军舰、二桅武装运输船"布里码"号南下在厦门海域执行封锁港口任务。

1840年英舰封锁厦鼓海域，用火箭攻击中国商船（铜版画）（陈亚元供稿）

8月22日两艘英舰"直趋水操台……开炮"，清水师船上前迎战堵击，岸上火炮亦开火灭击，打中夷船，毙敌多名，英舰退泊青屿门。23日英舰船再次炮击水操台，"我师当即回击，迭中敌船。英舰乞惶退出"。24日，英舰船派舢版3只，追赶进入港口的中国商船，清水师出动4只快速划艇阻拦相救，并将英军3只小舢版逼进屿仔尾后山小岭一带海域小湾内，开炮击中英兵5名，屿仔尾炮台也同时向敌舰轰击助战，英舰只得调转船头，向南逃跑。26日，英舰留有书信一封，交给渔船带回，逃离厦门。这是鸦片战争时期厦门军民抗击英军战斗的第二次胜利。

封锁厦门港的英舰被守军击退

中英两次战争，第一次是英军送信，第二次是英军封锁港口而引发的小规模武装冲突，都不是真正意义上的战斗。真正意义上的战斗是1841年的第三次厦门军民抗英保卫战。

厦门军民虽然取得了二次胜利，但北上的英舰主力自恃船坚炮利，直趋浙江、江苏、直隶、盛京；占定海，袭宁波，窜大沽，以武力威胁清政府屈服。在京畿告警、朝野震动之际，道光皇帝害怕了，忙派"驰禁派"首领琦善向侵略者乞和。1841年琦善擅自和懿律订立《穿鼻草约》，割让香港，赔款600万元，开放广州、厦门等口岸，并给予英国以平等待遇等，英军同时撤出舟山，退出虎门。鸦片战争的第一阶段以清政府"割地赔款"、向侵略者妥协而告终。

条约送到朝廷，引起道光皇帝的震怒，将琦善革职锁拿，抄家入官。1840 年 10 月，道光帝把抗战最坚决的著名将领、云南巡抚兼署云贵总督的颜伯焘调任闽浙总督。

闽浙（台）总督
颜伯焘

而《穿鼻草约》送到伦敦时，英国政府也不满懿律从中国攫取的利益，责备他违背了政府的训令，在已经获得全胜的情况下，"同意了极其不够的条件"，尤其是不该私自同意撤出舟山。1841 年 4 月 30 日，英国内阁会议将懿律撤职，改派璞鼎查为全权公使，主持和扩大侵华战争。英国的态度很简单，中国如不答应全部要求，就绝不停战。巴麦尊还特别训示璞鼎查，抵达中国后的第一件事，就是重新占领厦门和舟山。

1841 年 8 月 12 日，璞鼎查到达香港后就召开军事会议，决定了北上的军事行动计划。英军此番的第一个目标，仍是英国政府蓄谋已久、始终未能如愿的厦门。

英侵华军总司令
璞鼎查

二、中英双方力量对比

1. 清军"船不坚"与英军"船坚"

清军"船不坚"。清军战船 67 艘，火炮 400 余门。船全部是杉木制单层帆船，只能顺风航行，小船载炮仅 4—6 门，大船可载 30 门，实际战船上安炮最多 10 门，载员七八十人，火炮和人员全部暴露在甲板上。在船体构造、性能和配置方面还处在中古时期。

中国近代一级战船

中国近代二级战船

英军"船坚"。英军舰船 36 艘，有火轮船和风帆战舰，最大战舰 2500 吨以上，可载五六百人，安炮达 74 门。具有船身大、船体坚、配械多的特点。其甲板和舷侧板选用优良的橡木或榆木板等硬木材料；工艺采用密集的肋骨支撑着十字拼接结构的厚达80 厘米的 5 层舷板，一般按能抵抗最重 68 磅实心铁弹的冲击设计制造，英军"船坚"由此可见。

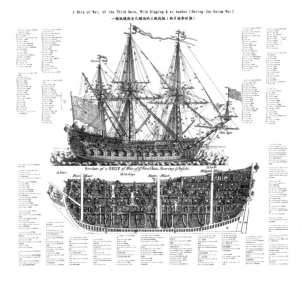
载炮 74 门的英三级战舰总体结构图

2. 清军"炮不利"与英军"炮利"

清军陆上火炮 700 多门，都是 240 年前明末清初由"泥模"铸造和当年由"铁模"用生铁赶铸的红夷炮。这些大炮炮身粗糙、气孔多，容易炸膛，并且规格没有统一，虽重达几千斤以

鸦片战争时期清军点燃火绳情景

上，但却粗大笨重，游隙较大，射程短，威力小，射击附件多，操作繁杂，步骤多，射速慢，平均 6 分钟才能打 1 发炮弹，而每打 3—4 发炮弹，炮管就发红，必须用冷水和醋进行冷却。主要有红夷炮、臼炮（榴弹炮、冲天炮）、抬炮和子母炮 5 类。主要配备是实心弹头，少部分空心的开花弹（蜂窝弹）和链弹（鸳鸯弹）。清军火药是手工作坊生产的劣质火药，且军队火炮瞄准知识缺失。以上原因就是清军在射击方面"炮不利"原因之所在。

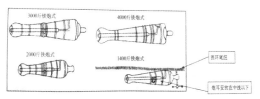

清军红夷火炮

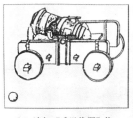

（a）清朝"威远将军"炮

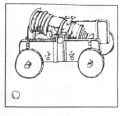

（b）冲天炮

臼炮（榴弹炮、冲天炮）

清兵操演子母炮

清兵操演抬炮

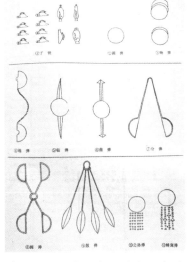

清军使用的球形实心弹头、球形爆炸弹、链弹炮弹图

英军有火炮 540 门，其大炮、炮弹是机器设备制造出的，主要有加农炮、卡龙炮、榴弹炮、臼炮，配有球形实心弹、链弹、霰弹、菠萝弹、铁筒弹、塔弹、燃烧弹。它的优点：一是标准化，配件少，轻便灵活，炮手容易操作；二是不论何种类型火炮，都采用单一口径，发射同一口径的炮弹；三是射速快，1.5～2发/分钟；四是威力强大，英军大炮所用火药是工业化生产出来无烟的优质火药，威力强大。英军大炮将空气动力学纳入弹道估算中，火炮发射精准。以上原因就是英军在射击方面"炮利"秘密之所在。

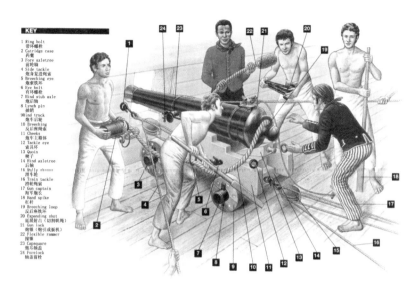

KEY
1 Ring bolt 带环螺栓
2 Catridge case 药囊
3 Fore axletree 前轮轴
4 Side tackle 炮身复进侧索
5 Breeching eye 炮索铁环
6 Eye bolt 带环螺栓
7 Hind stub axle 炮后轴
8 Lynch pin 插销
9 Hind truck 炮车后轮
10 Breeching 反后座炮索
11 Cheeks 炮车主体
12 Tackle eye 索具环
13 Quoin 楔子
14 Hind axletree 后轮
15 Bully sheave 滑车轮
16 Train tackle 滑车炮索
17 Gun captain 海军炮长
18 Hand spike 杠杆
19 Breeching loop 反后座铁环
20 Expanding shot 延展射出（切割帆绳）
21 Gun lock 撞锤（炮引或板机）
22 Flexible rammer 撞锤
23 Capsquare 炮耳铁盘
24 Forelock 轴盖前栓

英军海军加农炮（红夷发展型炮）在操演

（a）卡龙炮形制

（b）滑动炮架上的卡龙炮

英军卡龙炮

（a）炮筒特殊的半榴弹炮图

（b）载于炮架上的榴弹炮图

阔口短轻铜炮式
（c）国人绘制的英军榴弹炮剖面图

英军的榴弹炮

英军臼炮及底座（梅建军摄于英国）

英军的球形实心弹

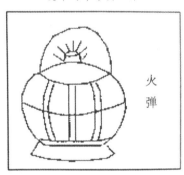

火弹

英军的燃烧弹

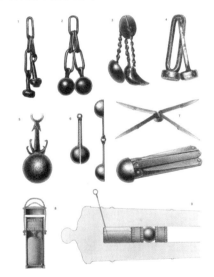

英军的链弹

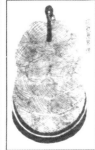

英军的霰弹

35

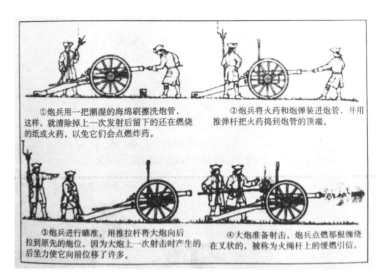

①炮兵用一把潮湿的海绵刷擦洗炮管，这样，就清除掉上一次发射后留下的还在燃烧的纸或火药，以免它们会点燃炸药。

②炮兵将火药和炮弹装进炮管，并用推弹杆把火药捣到炮管的顶端。

③炮兵进行瞄准，用推拉杆将大炮向后拉到原先的炮位，因为大炮上一次射击时产生的后坐力使它向前位移了许多。

④大炮准备射击，炮兵点燃那根缠绕在叉状的，被称为火绳杆上的缓燃引信。

英军轻火炮发射图

3. 中英火箭（炮）对比

厦门之战，中英双方军队作战时都使用了火箭。

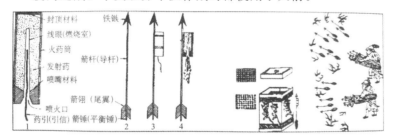

清军火箭结构示意图

清军主要使用火龙箭、九龙箭或一窝蜂等集束火箭杀敌。集束火箭，约有 15 支火箭能被一起发射，射程约为 500 码。

英军作战使用的康格里夫火箭炮，是一种性能优越的军用火箭。配有纵火弹和开花爆炸弹头，发射简单，海陆皆适用，作为一种中程武器，射程 2500 米。

总之，中英火炮、火箭炮在炮管、瞄准、炮弹、火药等技术上的巨大代差，就是清军"炮不利"
和英军"炮利"的原因之所在。

4. 中英轻武器对比

清军方面：沿海守军将士和临时
雇用的勇丁使用的武器主要是弓、火
绳枪、剑和矛等中古时代的冷兵器。

英军方面：英军陆战队配备小型
野战炮、火箭炮、来复枪等现代化
武器。

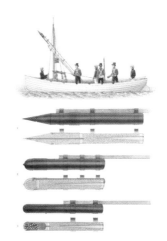

康格里夫火箭在海战中发射
各种弹头情形

5. 中英兵力部署对比

清军 4300 余人（一半在舰上，
一半在陆地），勇丁 9274 名。驻防厦
门岛石壁炮台、鼓浪屿炮台和屿仔尾
炮台的清军共计约 720 余名。

英军总兵力 4000 人，其中陆战队 2519 人。

从正规军兵力来看，不管是舰船兵员或是岸防部队，清军和
英军兵力基本相等，但清军在厦门的防御力量分散各处，又很薄
弱；英军可集中全部兵力 4000 人攻击一地。因此，就三地局部
战场而言，英军占绝对优势。

6. 中英火炮部署结构对比

清军火炮部署属
防守型结构：由不同
种类火炮组成，使用
不同方法发射，排列
在数百码的海岸堡垒
里，每门火炮都是不
可移动的。

英军火炮部署属

虎门威远炮台

进攻型结构：漂浮船体堡垒，可集百门大炮攻击一台。

三、同仇敌忾，血战厦岛

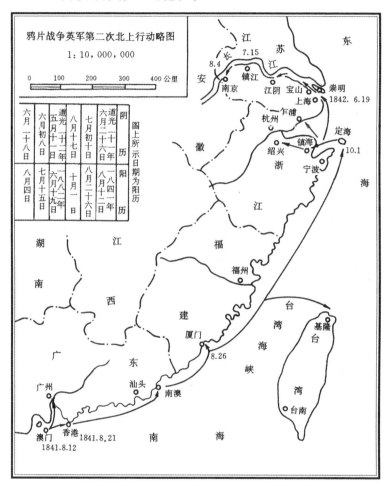

鸦片战争英军第二次北上图

　　1841 年 8 月 21 日，英国由侵华军总司令璞鼎查会同海军司令巴驾、陆军司令郭富率领的一支有 10 艘军舰、4 艘武装轮船和 1 艘领航测量船以及 21 艘各式运输船，共 36 艘舰船，配备大炮

366 门，陆战队 2500 多人的庞大舰队由香港出发，第二次北上侵犯中国。25 日抵厦门口外的青屿口海面集结，在已有入港经验的"布朗底"号舰长胞诅的引导下，英国舰队于当晚顺利地驶入厦门南水道。

1841 年 8 月 21 日，璞鼎查率舰船第二次北上侵犯厦门

此时，厦门要塞的海防力量与英国"船坚炮利"相比，悬殊实在太大了，但厦门守军将士并没有被吓倒，而是昼夜紧急备战，誓与敌人血战到底！

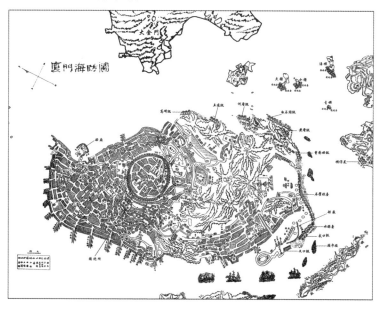

鸦片战争时第三次厦门之战海防图

颜伯焘连夜部署厦门防御，飞调金门镇总兵江继芸率师驰援厦门，任命"以巡道刘耀椿、总兵江继芸总军事"。命令江继芸指挥左翼，和参将陈胜元共同守卫石壁、白石头等炮台；陆师中军参将为右翼，守卫龙海一侧屿仔尾镜台山炮台；后营游击张然随同延平协副将凌志以及都司王世俊、后营把总杨肇基、左营把总纪国庆、前营把总李肇明为中路，守卫鼓浪屿水操台等炮台。同时，紧急调动汀洲、延平、泉州三府的军队和善战的虎兵增援厦门。

金门总兵江继芸

颜伯焘赴厦门督办防务

26 日清早，璞鼎查、巴驾、郭富亲自坐上武装汽船"弗来吉森"号，挂着小白旗，前来窥探各炮台的防御工事，在重点巡察石壁炮台后，立即制定出进攻计划：

以"布朗底"号、"摩士底"号和"都鲁一"号等 3 舰进攻鼓浪屿岛，掩护陆军步兵 3 个连、炮兵 1 个连及海军陆战人员 170 名从侧翼登陆，攻占该岛。

以"西索斯梯斯"号、"皇后"号、"班廷克"号为先导进攻石壁炮台。以"威厘士厘"号和"伯兰汉"号在后面策应，视战斗情况协同进攻石壁炮台。

武装轮船"复仇神"号和"弗莱吉森"号进攻厦门岛南岸其他炮台，炮击守军，其余轮船及小船在舰炮的掩护下，运送陆军各团登陆，攻占厦门。

见此，颜伯焘派出一位曾在外洋做过生意的陈姓商人驾小船前往英军锚泊水域，送信责问他们"这支巨大舰队为什么驶进内港？如果不是为了通商，应当立即离开"。陈姓商人带回英军写给福建水师提督窦振彪的一封最后通牒，称"投书令让出厦门为夷埠，俟上年天津当所索各事皆遂，再行缴还"。英侵略者声称"如不议定照上年天津所订各件办理，即应交战"，竟然狂妄地要求中国政府立刻"将厦门城池、炮台俱行让给英国军士，暂为据守。待诸事善定，仍行缴还"。并说如果答应这个要求，"请于堡垒上悬挂白旗"，可"保证所有将弁官兵均准带兵械安去"，要求限期交出厦门。

他们企图依仗船坚炮利，胁迫中国守军投降。面对侵略者的武力逼降，颜伯焘"拆阅之下，不胜愤恨"，断然拒绝，当即命令"金门镇江继芸并饬令在事文武小心防范"，加紧各处的战前准备。

见逼降阴谋没有得逞，英国侵略者便诉诸武力。他们看到沙坡尾一带有 100 多门大炮，鼓浪屿有 70 多门大炮，估计会有一场恶战。璞鼎查下令全体官兵做好战斗准备，陆战队员都要穿短衣、戴军帽，随带外衣和一天的口粮；炮队要携带轻便的山炮，以备登陆后使用。

8月26日下午1时15分，港内"南风大作，逆船又占上风"，于是，英国军舰同时起锚扯帆开动，降下白旗，挂着红色的战旗，顺着西南风，从南太武方向的海域向厦门港进军，驶向指定的攻击位置，集中兵力，分左、右两队，以武装轮船"复仇神"号为前导，风帆动力的各战舰和部队运输船紧随其后，"蜂拥而进"，向厦门港要塞发起猛烈的进攻。

武装轮船"复仇神"号进攻厦门

左分队以"摩底士底"号为先导，"布郎底"号、"都鲁壹"号紧跟随后，准备攻占鼓浪屿，前进途中先进攻厦门港南岸的屿仔尾炮台。在英舰重长炮和重短炮以及康格里夫火箭等猛烈炮火的攻击和掩护下，英军很快攻下露天的屿仔尾炮台。然后，"摩底士底"号等3艘战

1841年英军进攻厦门（杨帆供稿）

1841年英军海军陆战队进攻福建漳州河口的屿仔尾炮台（杨帆供稿）

舰继续朝鼓浪屿方向前进。

此时，停泊在厦门内港、早已严阵以待的近 20 多艘福建水师战船排成"一"字战斗队形，冲出港口迎战英国舰船。

当时，英军舰船按"1"字排成战斗队形，在远距离时，用长重炮密集地发射链接弹、链弹、杠弹、飞刀式炮弹等破坏索具、船帆，炮弹将大部分清军水师战船的船帆、索具等打得千疮百孔，清军战船无法行驶，处于被动挨打的局面。英军还发射燃烧火箭弹和爆炸火箭弹，烧毁清军舟船，大量杀伤舟船上毫无遮挡的士兵。在近距离时，英军舰船凭借着巨大的船体，坚固的船身，快速向清军水师战船迎面撞去，迫使清水师舟船左避右让，英军再用绰号"毁灭者"的短重炮，采用两弦排炮对清水师战船进行攻击。在手枪射程内，英舰安装在船墙、船头和舰尾上的小

鸦片战争英军火箭弹攻击清军战船情形

口径火炮及回旋炮，发射出圆形弹、葡萄弹、爆破榴弹和燃烧弹，组成密集的火力，制造出毁灭性的枪林弹雨，将清军水师舟船击碎，并把暴露在单层甲板之上的清军水师官兵射杀。紧接着，英舰凭借刀刃般的船首、坚固的船体，将剩下的清军水师战船全部撞沉。

清军水师虽然在数量上占有较大优势，但由于船小炮劣，而且只有单一的铁心实弹，因此，在英军坚船利炮面前，毫无招架之力，最终全军覆没。

随后，"摩底士底"号等 3 艘战舰直趋鼓浪屿，此时，双方火炮的数量比为 106∶76。经过 1 小时 20 分钟的激烈炮战，英军

打哑了鼓浪屿岛上的 3 座清军炮台，英海军陆战队从该岛最东端炮台的右翼沙滩登陆，其他步兵、炮兵亦随后登陆。登陆的英军攀越山岩和其他障碍，从清军的侧后发起进攻。守台清军全无倚仗，以鸟枪、弓箭、长矛乃至石头还击，终于不能支持而败退。英军很快驱散了鼓浪屿各炮台的守军，下午 3 时，鼓浪屿落入敌手。

在鼓浪屿的炮战结束之后，英舰"摩底士底"号、"布朗底"号起锚，溯流而上，打哑了沿途清军各炮兵阵地的火炮，强行突入厦门的西水道，进入了筼筜港。

右队以"'西索斯梯斯'号与'皇后'号两艘战船带头，各战舰和部队运输船紧随其后，蜂拥而进"，用重炮与火箭炮向厦门港要塞发起猛烈进攻。颜伯焘曾在虎头山、镇南关等地指挥作战过，颇有御敌经验，因此英军进攻一开始就受到守军的猛烈回击。

经过一个多小时的激烈炮战，石壁炮台仍然屹立不动，于是，"威厘士厘"号和"伯兰汉"号这两艘载炮各达 74 门的主力军舰，它们跟随"班廷克"号指示的水道，于下午两点半在清军最主要的防御阵地——石壁炮台正面距海岸约 400 码处收帆下锚后，一起用所载的重型舷列炮（共 148 门）齐射，形成密集火力，对石壁炮台猛烈攻击。两艘战列舰在攻击时，先是逆潮向，利用舵效控制舰体姿态，使用右舷炮火分层间隔齐射 5 至 8 轮后，再利用潮动和锚定换舷，使用左舷炮继续攻击，循环往返，以保

英侵厦旗舰，载炮 74 门的战列舰"威厘士厘"号

证提供最有效火力支持。此时，厦门岛南岸完全沉没在炮火硝烟之中，由于清军只有实心炮弹，在炮战中处于绝对劣势。

但清军毫不畏惧，在左翼阵地石壁炮台指挥的总兵江继芸、参将陈胜元首当其冲，他们"身先士卒，奋勇杀贼"，指挥官兵，"连环发炮，督领官兵多次炮毁敌舟"，同时，往来于炮火之间，沉着镇定指挥各炮台向敌人狠狠地还击，击沉击伤敌舟船6艘。经过4个多小时的血腥鏖战，英军久攻不下，璞鼎查下令采取各个击破的战术，集中七八艘军舰，用上百门的火炮，以密集的炮火，猛攻一座炮台，其余军舰边开炮边前进，打破一座炮台，再攻另一座炮台，"先后摧毁炮台数处，并放下小舢板，分路上岸。守护炮台将弁，自副将凌志以下，或受重伤，或即殒命，各营兵丁以及各路水勇，俱多伤亡"。

见战况危急，颜伯焘"亲率同兴泉永道刘耀椿亲自督战"。由于英舰炮火异常猛烈，我军伤亡惨重，"受伤兵丁血肉狼藉，其同队兵丁犹各装药下子奋力抗敌，及见将弁内已有伤亡，环视痛苦，仍复竭力回炮；而将领等奋不顾身，其受伤未死，亦各皆发指，催促愈急"。炮台守军在江继芸、陈胜元等各位爱国将领的率领下，视死如归，连环开炮，英勇阻击。

石壁炮台的邻近炮台守军伤亡不断增加，但是官兵们没有丝毫的胆怯或因此逃遁，英勇的士兵们看到自己的兄弟中弹牺牲，一面流着眼泪，一面开炮还击。受伤的士兵也奋勇作战，誓死杀敌。

下午3时，英国军舰放下的100多只小舢板，在数艘军舰猛烈炮火的掩护下，绕过守军的火力网，驶近岸边，强行登陆白石头炮台。守军顽强抵抗，连续击退敌人的5次冲锋，毙敌数名。

颜伯焘"目睹情形，随机饬令刘耀椿率带印委员往来指挥于兵勇炮火之间，各兵勇益加感奋，尽出死力"，奋力拒敌。

见战局发生了逆转，颜伯焘退入厦门城，把"所有分防各将领等交金门镇江继芸竭力支持"。

此时，英军攻破其他炮台，从文讯口、安海讯、南普陀附近登陆，绕行到毫无防护的炮台后面，抢占制高点，辅以野战炮兵，依次攻击各个炮台。英军这种战舰正面攻击，陆战队抄袭背后，以及各个击破连续作战的战术，使我各路守军伤亡惨重，使石壁炮台陷于腹背受敌的困境。在此最危急关头，颜伯焘与刘耀椿怀带印信，分路攻击英军。江继芸临危受命，更一马当先，他一方面组织各路未退将士分布在各处阵地，坚守炮台关隘，继续顽强地与敌军进行激烈炮战；另一方面，江继芸又紧急组织一支数量极有限的敢死队——"虎兵"，"急赴援"业已被敌军击溃的"陆师"阵地，投入到保卫阵地与炮台的战斗中。

1841 年颜伯焘的特种兵
——虎兵（藤甲兵）

3 时 45 分，白石头炮台中弹毁坏，敌船"复仇神"号、"弗莱吉森"号，拖带一些小船，载运着陆军第 18 团、第 49 团，航行至厦门岛南岸。在"巡洋"号等 4 艘军舰炮火的掩护下，英陆军在石壁东侧的沙滩上登陆。登陆后 18 团占据石壁炮台后山的高地，49 团沿海岸前进直插石壁炮台。英军遂成钳形攻势，第 18 团由上而下迅速攻开石壁侧后的一座门，蜂拥而入；第 49 团沿海岸直扑石壁，从炮洞攻入壁内，守卫石壁炮台将士与之肉搏。正在石壁正面进行炮战的"威厘士厘"号等舰的水兵见状，亦登陆配合作战。在此危急关头，金门镇总兵江继芸依然沉着应战，奋力指挥我守护炮台的官兵以铳炮和长矛大刀与敌人血战。"尽力堵御上而复下者，或三、四次，或四、五次，亦皆斩杀敌无数"。英勇的厦门守军给英国侵略者以迎头痛击，迫使部分英军士兵退回军舰。守军夺回要塞阵地后，继续开炮向敌舰射击。

下午 4 时左右，敌方 3 艘军舰均被我守军击中，浓烟滚滚，敌舰见势不妙，急忙退出战区驶向港口外。其中"西索斯梯斯"号与"皇后"号受创尤重，掉头外逃。滩头英军见主力舰后撤，吓得纷纷返身抢占舢板，向各舰方向逃去，准备逃跑。金门镇总兵江继芸见状，率领一批水师官兵乘胜追击敌寇，江继芸"身先将士奋勇杀贼，贼船驶遁，急追之，耸身跃入贼船，撑拒移时，后援不继，受重伤落水殒命"。

英军见清军主将阵亡，复又纷纷回身登陆，"先犯陆军"，又被岸上守军击退。就这样，反复多次击退了敌人的进攻。不久"陆军溃"，英军抢攻炮台，炮台先后被攻破，大批英军纷纷登陆。炮台守军不得不退出炮台，同英军展开了残酷的肉搏战。延平副将凌志虽"身受重伤"，仍"奋勇力拒"，还抢起大刀砍杀敌人，后遭侵略者"割首剖腹"。游击张然手提大刀，连续砍杀了十几个敌人，他的大刀折断，人也受了伤，他一面包扎伤口，一面拔出短剑同敌人搏斗，一直战到精疲力竭，最后，以冠覆面，靠在树上"僵立而死"。他们视死如归的英勇行为，鼓舞了那些手无寸铁、疲劳过度的炮兵以及幸存的水勇、陆师士兵们，他们"走下炮台，向石子上啐口唾沫，拣起石子来掷侵略者"。

4 时左右，石壁炮台失守，厦门岛南岸炮台等阵地也随之陷落。英军占领厦门城后山，用火箭炮和大炮轰炸城区。8 月 27 日清晨，英军攻占厦门城，烧杀抢掠，无恶不作，遭到厦门

康格里夫火箭在陆上的发射情形

47

军民的英勇抵抗。

英军掠夺中国人民财物情景,
见柏纳德《复仇神号轮船航行
作战记》

1841年8月26日,厦门第二次抗
英保卫战后被英军拆毁的石壁炮台
(即长列炮台)

1841年8月26日这一天,厦门港要塞炮台,特别是石壁炮台,在守军与入侵厦门的英国侵略者进行了一整天殊死惨烈的厮杀后,最终被英国军队攻陷,中国士兵的鲜血染红了厦门漫长的海岸线和沙滩。这殷红的鲜血记录着英国人海上强权的罪恶,昭示着中国人不可战胜的民族意志和尊严!

四、厦门保卫战失败的原因

厦门之战,是一次英军舰炮与清军岸炮之间的对抗,同时也是岛屿要塞登陆与抗登陆的作战。由于第一、第二次厦门之战一为送信,二为封锁,并非真正意义上的攻防战,其经验教训并无典型意义,厦门之战失败的原因应该以颜伯焘的第三次厦门保卫战来进行分析。

第三次厦门之战失败原因究竟是什么?若从严格的军事学术上进行检讨,关键是中英两国武器的隔代碰撞。

一是英军取得战争主动权,清军被动防守。

英军"船坚炮利",且能"无风无潮,顺水逆水,皆能飞渡"。这是当时清朝上下已经达成的共识,而在此共识之下,放弃海上交锋成为清军的必然选择。而这一选择,使中英双方的攻守态势发生根本性的逆转,这就使清军失去了战争的主动权,只能在陆地被动地等待对方的进攻。

二是火炮技术落后。

第三次厦门保卫战是一次英军的舰炮与清军的岸炮的对战。尽管中英两国火炮的样式大体相同，但因涉及近代工业技术和瞄准技术等科学技术的掌握，双方在火炮的质量、射程的远近、射击速度的快慢、射击范围的宽窄、射击精度的大小、射中后炮弹威力的强弱等方面存在 200 多年的差距。

三是轻视英军陆战能力，无防敌登陆措施。

厦门之战也是登陆英军与守岛清军的陆战，清朝上下认为英军善于海战，不善陆战。令人叹息的是，道光帝在收到厦门战败的奏折时才竟然"发现"英军也会陆战。首先，清军没有训练有素、专与英军登陆部队交战的部队。其次，武器隔代碰撞，清军只有鸟枪、大刀和长矛等需要"觌面接仗"的冷兵器，英军却持"彼此不见面而接仗"的近现代化枪械。因此，遇到登陆英军后，大部分清军因战前毫无准备而见敌溃败。君臣无知至如此田地，战事又焉能不败。

厦门之战失败的真正原因，正如史家蒋廷黻在《中国近代史大纲》中说的："鸦片战争失败的根本原因是我们的落伍，我们的军器和军队是中古的军队，我们的政府是中古的政府，我们的人民，连士大夫阶级在内，是中古的人民，我们虽拼命反抗，终归失败，那是自然的，逃不脱的。"

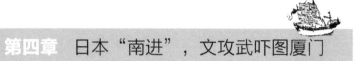

第四章 日本"南进"，文攻武吓图厦门

第一节 倭寇南进图厦历史背景

一、繁盛的海丝港，倭寇垂涎窥地

明朝时期，以漳州人为核心的民间贸易在月港悄然而起。到明朝中期，"称'小苏杭'者，非月港乎"，1567年月港开放海禁，"准贩东西洋"，成为中国唯一合法允许民众对外贸易商港。"四方异客，皆集月港"，往返商旅，相望于途。月港的繁荣，给明政府带来巨大的关税收入，有"天子南库"之称。当著名的月港列艘云集之际，却由于月港港口的局限性使其无法容纳过多的商船，因此，许多商船停泊在厦门港，盘验、候风开驾，以厦门作为放洋始点。

1633年"洋艘弗集于澄，监税归于厦岛"。这标志着厦门港已经取代漳州月港，成为重要的海上丝绸之路东端始发地之一。19世纪鸦片战争后，厦门因五口通商又成为繁华的国际大港口。

日本是个早熟且不成熟的资本主义国家，明治维新后，开始走上资本主义道路。日本作为一个岛国，一是资源匮乏、市场狭小；二是金融资本的发展先天不足；三是社会转型期各种矛盾十分尖锐，急需对外商品输出和资本输出。因此，以天皇为首的日本统治集团急于从对外扩张中寻求出路，而邻近日本的中国第三大航运中心——厦门，便成倭寇强盗的垂涎之地。

二、"北割满洲，南收台湾（厦门）"

"北割满洲，南收台湾（厦门）"，是日本明治维新以后推行的对中国侵略的国策。

在中英鸦片战争前，日本江户德川幕府的末期，日木在治国方略——《海防策》中提出了"北割满洲，南收台湾（厦门）"的"海外雄飞论"，成为明治维新以后日本推行的对亚洲邻国侵略扩张政策——"大陆政策"的基础。

在中英鸦片战争时期，日本也相继与美英俄等国签订不平等条约，日本国家与民族的命运面临着空前的危机。但日本不去抵抗美英列强，而是采用屈从列强换取时间、养精蓄锐、然后侵略中国的战略，即用"北割满洲，南收台湾"来攫取土地，用以补偿在列强方面遭受的损失。

1867 年 3 月，明治政府以天皇的名义颁布"欲开拓万里波涛，布国威于四方"的维新政府开国宣言，向内外宣告了明治政府的基本国策，正式确立了对外侵略扩张的"大陆政策"、用武力征服世界的野心——"八纮一宇"。

1868 年，明治政府积极推行"殖产兴业""富国强兵"和"文明开化"等政策，

日本明治天皇

致使日本迅速走上近代化国家的发展道路，成为资本主义强国。

1871 年 3 月，日本政府制定《日本对外政策意见书》，提出近代日本的"大陆政策"主要内容：即采取南、北共进的策略，武力夺取中国东北和华南地区。明确在海陆军备齐整、间谍获得情报、充分掌握地理情况、制定好战略部署后，即实施以下目标：

1. 北进——朝鲜、中国东北。

2. 南进——台湾、厦门、华南地区，以及南洋。

日本政府认为北边朝鲜和南边的中国台湾地理位置很重要。北边朝鲜半岛临日本海，九州岛屿与之对峙，保持与釜山港的密切联系，以此便可以控制朝鲜半岛，不仅可以维持日本海的安

全，还可以成为入侵中国东北和俄国的据点；南边的台湾隔着澎湖列岛与福建相邻，通往厦门港，保持与福建一带的关系，南则与南洋诸岛相连，可以远制南海，能成为入侵中国厦门和华南的据点。

为执行南、北共进的国策，日本政府制定三大实施步骤：

第一步：北进吞并朝鲜；南进侵占琉球、台湾。

第二步：北进以朝鲜为跳板侵占中国东北，进而从北向南侵略全中国；南进以台湾为基地侵占厦门，进而从南向北侵略全中国。

第三步：以中国为基地，北进攻占西伯利亚地区，南进进犯中南半岛及南洋群岛。

针对中国问题，日本政府蓄意利用佛教与间谍对华进行侵略扩张。《意见书》还主张日本应该采取上、下两种策略。其中，上策有4项涉及佛教与间谍问题：

一是利用宗教信仰，派遣传播佛法或修行的僧徒，以便日后安抚民心；或派遣间谍，埋下实施军事侵略的种子。

二是在门徒及其他僧侣中加以选择，作为间谍遣往中国。

三是挑选数人作为密探调查地理及其他情况，这些人可以混杂在上述僧侣之中，也可视特殊情况而定。

四是派遣上述间谍并要取得成果，须在5年之内完成。

由此可见，明治维新以后日本推行的对亚洲邻国侵略扩张政策的"大陆政策"，已完全转化为侵略中国的具体行动指针。

1. "南进"吞琉球，图占台湾遭挫

此时，为达到对外扩张、称霸东亚的目的，日本首先采取两个措施：一是处心积虑寻找机会挤进国际帝国主义强国的行列；二是逐步吞并中国藩属国——琉球王国，以满足日本南进侵略扩张的先决条件。

《坤舆万国全图》局部
（1602 年）

日本在逐步吞并琉球过程中，同时策划出兵侵略中国领土台湾。

日本采取了南北共进的策略，即陆军以朝鲜为目标"北进"，海军以厦门为目标"南进"，且在执行过程中再随国际形势变化调整国策。

于是，在日本陆军积极谋划"北进"行动计划时，日本海军率先执行"南进"国策，并按以下三个步骤和目标推进。

第一步目标是吞并琉球国。

第二步目标是侵占台湾。

第三步目标是侵占厦门、华南，进而由南向北侵略全中国和向南占领南洋群岛等。

1871年8月，日本明治政权实行"废藩置县"，将琉球群岛划归鹿儿岛县管辖，迈出了吞并琉球的第一步。

1872年，日本宣布琉球王国是日本的领土，设置琉球藩，正式侵占琉球，初步达到"南进"的首要目标。随后，日本实施"南进"第二目标——侵占台湾。

1873年，桦山资纪奉命潜入福建、台湾等地进行侦探后表示："不用说台湾，就连福建省都已经纳入计划准备占领，因为战争的准备调查工作进行得非常充分。"

1874年3月日军在厦门"借地操兵"，清廷"开门揖盗"，见清政府软弱可欺，日本将侵台付之行动。为保证侵略台湾的阴谋能够顺利得逞，4月日本政府匆忙在厦门设立领事馆，以便为一个

桦山资纪

月后日本进犯中国台湾提供情报支持等服务。5月，日本入侵台湾。清政府遂派船政大臣沈葆桢巡台，并调淮勇7000名和船政所属轮船舰队赴台布防，相持8个月。日本见强占台湾图谋一时

难以实现，便在英国公使的周旋下，使清政府赔白银 50 万两、变相承认日本对琉球王国的宗主国地位以换取日本撤军。日本侵占台湾的图谋虽然失败，但同时也得到很大的一块肥肉。日本1879 年将琉球国改为日本的冲绳县，琉球至此亡国。日本达到"南进"的首要目标。

日军入侵台湾失败后，日本政府将"南进"改为"北进"，由于当时日本驻厦门、福州领事馆是为侵略台湾而设立的，侵台失败后，日本驻厦门、福州领事馆失去存在的必要性。为此，日本外务省专门讨论关闭厦门、福州领事馆的问题，

日变相获得清政府承认其对琉球宗主国地位

但考虑到刚设立就撤馆会引起清政府的猜疑，最终决定将领事馆保留了下来。1874 年 12 月，开馆不到 8 个月的日本驻厦门领事馆闭馆，厦门、福州的事务由日本驻上海总领事馆兼署。直到1895 年 8 月，日本通过甲午战争侵占台湾、澎湖列岛后，为了侵略厦门的需要，1896 年 3 月日本驻厦门领事馆重新开馆。

2. 甲午北进遭挫，南割台澎窥厦

1882 年 8 月 15 日，日本首相山县有朋说："欧洲各国与我国相互隔离，痛痒之感并不急迫，作为日本的假想敌国，并与日本相对抗的是中国。"日本政府为此制定了所谓《清国征讨方略》，开始有针对性地为侵略中国充实军备。其时日本充实军备，特别是建设一支海军，尚缺巨额军费。1887 年 3 月 14 日，明治天皇

山县有朋

敕令:"加强海防是一日也不可放松的事情,但从国库岁入中尚难拨出巨款供海防之用,故朕决定从内库中提取 30 万日元资助。"在明治天皇带头捐献的带动下,日本国民纷纷捐款捐物,支持国家建设海军。不久,日本海军成军。

1894—1895 年,日本发动了针对中国和朝鲜的两场战争。而甲午中日战争就是日本实现"大陆政策"前两个步骤的重要环节。

1894 年 4 月,日本发动了与中国争夺朝鲜半岛控制权的战争,并由此引发中日甲午海战。甲午战争中国告败,清政府被迫与日本签订《马关条约》,日本不但由此割占了中国台湾、澎湖列岛和辽东半岛,还获赔偿两亿两白银。但因割让辽东半岛触动了俄国的核心利益,引发俄、德、法"三国干涉还辽"之事,日本遂放弃占领辽东半岛,但其后又向清政府攫取了 3000 万两白银的所谓"赎辽费"。由于俄、德、法三国的干涉,日本"北进"目标虽未完全得逞,却意外地南割台湾,完成"南进"的第二个目标。

之后,急于从对外扩张中寻求出路的日本统治集团便将目光转移到台湾,同时将国策又从"北进"调整为"南进"。日本政府提出"战后经营策",将台湾划入主权线,将福建省列入日本的利益线,提出"必须拥有充实新领地防卫之兵力,必须拥有针对清国复仇之兵员",大肆扩军备战,准备攻占厦门,进而由南向北侵略全中国。

第二节　日相伊藤博文潜厦,重定"南进"攻厦门

日本由于侵占了台湾这个"南进"的前进基地,为达到"南进"第三个目标——侵占厦门创造了极为有利的条件,于是日本

便把下一步的侵略目标瞄向台湾岛对岸的厦门。

1895 年 8 月,日本侵占台湾后第一任"总督"桦山资纪向时任日内阁总理大臣、同时兼任"台湾事务局"总裁的伊藤博文建议,为攻占厦门需要,重开日本驻厦门、福州领事馆,恢复日本驻厦门领事馆的事务。

1896 年 3 月,日本驻厦门领事馆在鼓浪屿重新开张。5 月,"台湾总督府"在驻厦门日本领事馆内设立情报处——"出张所"。

5 月 30 日,日本天皇决定派首相伊藤博文赴台湾、福建厦门地区考察,目的是"以资将来树立国策"。6 月 12 日,伊藤博文一行到达台湾,由 6 月 2 日刚被日本政府任命为"台湾总督府"第二任"总督"桂太郎陪同先后到新竹、高雄和澎湖列岛各地考察。

6 月 24 日,日本首相伊藤博文率领海军大臣西乡从道等人在桂太郎的陪同下秘密潜入厦门侦察,并于当日直接从厦门乘船回日本。7 月 11 日,伊藤博文等人返回东京,13 日向天皇汇报:台湾可以作为实施大陆政策的新

伊藤博文　　　西乡从道

门户。日本应该采取"北守南进"的策略,获得天皇"敕许"并予以实施。总之,台湾不是日本侵略政策的终点,而是日本"南进"的一个新起点。

第三节　蓄谋已久,文攻武吓图良港

日本首相伊藤博文重新推进"南进"战略虽获得天皇"敕

许"，但要真正在福建、厦门等地推进"南进"战略，则困难重重，特别是要抢占老牌帝国主义英、法、美等列强自 1840 年鸦片战争后就开始经营的传统势力范围——五口通商口岸的厦门，日本不论军事或经济上和英美等列强比，都缺乏实力。日本虽然在甲午战争中战胜中国，挤进了列强行列，但终究属二流强国，是列强的小弟，只能傍着英美等列强大哥，依据列强与中国签订的不平等条约中"最惠国待遇"，利用外交手段，辅以军事武力逼迫，才能逐步攫取、最终达到独霸厦门目的。

一、"公立文凭"，日本图谋划地厦鼓

1. 列强间的争夺与勾结

1896 年 7 月，日本根据《马关条约》第六款迫使清政府签订不平等的《中日通商行船条约》，强迫中国给予日本与其他列强及其国民之同样利益——"最惠国待遇"。之后，日本借口中日贸易日益发展，要求在中国的通商口岸设立租界。10 月，日本逼迫清政府签订《中日通商口岸日本租界专条》（下称"公立文凭"），其中第三款规定："中国政府亦允，一经日本政府咨请，即在上海、天津、厦门、汉口等处设日本专管租界。"

"公立文凭"签订，日本攫取了在厦门设立专管租界的权益。随后，日本在还没有得到清政府答应的情况下，就先以 2000 元的低价，强行收购鼓浪屿五个牌海滨一带山坡作为日本人公共墓地。

1897 年 3 月 26 日，日本驻华公使向清政府递交照会索要："厦门城外对鼓浪屿之草仔垵，沙坡头及其中间各该沿海一带背后至山顶之地方十二万坪，又生屿及大屿内对鼓浪屿之沿海十万坪（一坪折合 3.3 平方米），共二十二万坪，作为专管租界。"这两个地段范围很大，前者是当时商业区，有铺户五六百家，民房数千间，后面近山地方有几万座坟墓；后者是通往漳州的大路，属于海澄县管辖。日本侵略者野心如此之大，使得卖国的清政府

不敢贸然答应。地方官员担心"如日本租界，各国纷纷续请，势难遍给"。可是日本领事上野专一却派人在厦门和鼓浪屿两处进行丈量、绘图，并且狂妄地逼迫道台"必须遵照两处丈量定界为是"。如果这一企图得逞，日本不仅占有鼓浪屿的三分之一和厦门岛西南沿海的大半部分，而且实际控制了整个厦门港内港虎头山—鼓浪屿，控制了进入厦门港南水道和鹭江以及鼓浪屿西北部漳州九龙江入海口进入内陆腹地的通道，把住了进入厦门港北水道的两条水上大动脉。日本独霸厦门的阴谋开始显现。对此，清政府没有贸然允诺。

见外交谈判难见成效，日本便采用军事手段进行恐吓，派遣"和泉"号防护巡洋舰和"筑紫"号、"高千穗"号巡洋舰到厦门港，以武力进行威逼。

3月29日，清政府总署致电闽浙督署和闽海关，称日本政府"肆意婪索，希冀联接台湾声势"，指示闽浙总督"派出明干妥员详勘，拟议绘图贴说速复，以备辩驳"。随后，总署再次致电闽浙督署强调："台澎即被允据，厦门近在咫尺，租界久远之事，不可不慎之于始。"电文还要求闽浙督署查清楚日方索要之地究竟"于居民是否相宜，于沿海形式、他国商人有无妨碍"，并明确指示：必须将情况秘密向厦门海关任税司的英国人通报。清政府想借外国列强之手，阻挠此事。果然，英、美等西方列强得知此事，唯恐本国在华利益受到侵害，群起反对。此事几经交涉，一拖再拖，没有了下文。

强开租界失败，日本驻厦门领事馆奉日本政府和"台湾总督府"之命，转将主要精力投入到筹办厦门东亚书院。日本和"台湾总督府"在厦门创办东亚书院，表面是顺应清政府"改革书院，参照日本学制广设新式学堂，培养政、经人才，以求变法图强"之国策，看起来好像"福泽乡里"，但暗地里隐藏着一个不可告人的阴谋——办设东亚学院实际上是日本出兵侵略厦门的

"厦门事件"的提前布局。因此,书院筹办阶段,日本驻华公使就向清政府要求厦门地方官给东亚书院以保护,为以后日本对厦门进行军事占领埋下暗桩。1900年8月,日本自焚设在厦门的东本愿寺,给出兵厦门制造了"口实",此时东亚书院则以日本侨民需要保护为借口,为日军进驻东亚书院设立侵厦司令部和陆军大部队登录厦门抢占一个绝佳的滩头阵地埋下伏笔。

2. "保全国土,勿媚外人"

1898年4月,日本迫使清政府发表"福建省不割让"声明。正如日本驻华公使矢野文雄所预计的,西方列强没有出来干涉,使日本误以为"福建省不割让"获得英美等八国列强的默许。因此,日本便把福建作为它的势力范围。尽管如此,但这并不意味着"不割让"协议可以使日本在福建省获得具体权益。于是,日本在厦门设立租界的要求更加迫切了,不但从外交、宗教等方面进行胁迫,更以炮舰加紧逼迫清政府从速划界。

宗教侵略也是日本侵略政策总构想中的一个重要组成部分,众所周知,甲午战争后,日本侵占了台湾,"台湾总督府"在镇压台湾岛内人民反抗运动、建立统治秩序的同时,也将侵略的魔爪伸向对岸的福建。从第一任"总督"桦山资纪开始,就制定以福建为中心的对岸经营战略,第二任"总督"桂太郎更为这一战略描绘了详细的蓝图,他说:"台湾的建设经营,不能仅止于台湾境内,必须采行更大的对外进取方针。……台湾依其地利,对在华南扶植培养我国的势力,并非难事。"因而他主张:"应开始与厦门的密切交往,以在福建一带地方有潜势。"

到了"总督"儿玉源太郎、后藤时代,为了确保在福建、厦门的势力,展开了全方位的"对岸经营"活动,儿玉曾精心"策划在宗教上使(台湾与对岸)彼此接近"。他指出"南方经营的第一方针,首先在于收揽南中国一带的人心,故从教育及宗教方面开始其步伐。"

1898 年 7 月，驻厦门日本领事上野专一与"台湾总督"儿玉源太郎根据 1871 年《日本对外政策意见书》"共同商议"确定：为完成南进的第三目标——侵占厦门的"国防需要"，由"台湾总督府"从"僧侣中间，加以选择"，挑选出东本愿寺布教师加藤广海，以传教的宗教外衣为掩护，"作为间谍遣往"厦门，加藤广海同时兼任"台湾总督府"的"嘱托"（情报人员），听命于"台湾总督府"和驻厦门日本领事。由厦门领事支付给他们"特别保护金"，要求这些僧侣利用可以自由往来中国内地的便利身份，搜集地方情报上呈日本驻厦门领事馆和"台湾总督府"。日本学者小林一美指出：分布在福州、厦门、漳州、泉州等地的东本愿寺布教所，实际上已经成为"台湾总督府"的对岸情报据点，一旦有事，完全可以与入侵福建的日军配合行动，并为其效力，这方面典型例子莫过于 1900 年的"厦门事件"。

不言而喻，"台湾总督府"、东本愿寺派遣布教师进行所谓布教传道只是为日本侵略军效劳的一个幌子而已，其真正的目的，是用僧侣以布教之名掩饰身份，充当密探，以深入中国内地收集情报以及制造事端。

8 月，加藤广海奉命来到厦门，在山仔顶街"向英国教民张陛全租赁"一民宅，开设布教所。厦门东本愿寺的建立，为日本武装占领厦门埋下伏笔。1900 年发生以厦门东本愿寺自焚事件为导火线，日本以此为借口，企图从台湾出兵占领厦门的"厦门事件"，就是基于这种阴谋。而此时厦门东本愿寺的建立，其目的是在于收取厦门的人心，"在宗教上使（台湾与厦门）彼此接近"，以缓解厦门人民反对设立专管租界的决心和斗志。

1899 年 1 月，新任厦门道台恽祖祁到任。24 日，日本领事上野专一迫不及待地向其提出划界要求。要求在厦门划出沙坡头海岸，即由民船寄锭处起到瑞记洋行（在今水仙路）的 4 万坪；又从鼓浪屿纱帽石山起到五个牌的 13 万坪，抵换前年提出的嵩屿和大屿沿海一带共 17 万坪土地，作为日本租界，并将事先绘制好的地图，送交兴泉永道，要求派员定界。

28 日，兴泉永道台恽祖祁复照上野，认为所提要求过大，只能先给一处，对所送地图，也未同意，并派出厦防同知方祖荫、通商局委员王寿衡前往现场丈量。由于鼓浪屿纱帽石山下有英商厦门机器工程公司的厂址，而大石尾山顶也有许多民间墓地及闽海关分卡的楼房，还有洋人开辟的两条马路，恽祖祁知道如果按照日方要求办理，不仅鼓浪屿人民必然起来反对，洋人也会出面干涉。因此把准备划给日本租界的四至改为：由纱帽石山下英商厂址边水沟起，自南到北，横量到蛎房田；再由蛎房田起自北到南，横量到五个牌；又由马路外环起，自东到西，直量到海滩，共量"工部尺"33831 多方丈，依照厦门官地租税定案，每方丈每年收税银一两，消息传出后，引起英、美、德三国领事的强烈抗议。

2 月 8 日，美国驻厦门领事巴詹声首先出面干涉，对厦门道台恽祖祁说："厦门何能有专界，如果好要，我美国早要了"。3 月 1 日，美国驻厦门领事巴詹声再次正式照会厦门道台，反对把厦门一大片土地和鼓浪屿 1/3 土地给日本作租界。继又要求援例分赃，说"如果厦门通商口岸有专管租界供应他国，美国均难允准。"如日本借口可要设租界，美国也可托词以请租界，"将鼓浪屿内日本未请之地作为美国租界"。并威胁说，如不答应就"不能视为和好之国所应办也"。

日本要占鼓浪屿 1/3 的土地，美国竟要占鼓浪屿的 2/3，胃口比日本更大。这时，英、德两国领事看在眼里，急在心头，认为日、美两国如果协商成议，清政府慑其势强，答应日、美两国所提出的租界要求，就枉费了他们前些时候共同策划谋占鼓浪屿的心机，因此，他们联手向清政府施压。

3 月 2 日，德国领事梅泽也登门拜访厦门道台恽祖祁，提出交涉，施加压力，借口"厦门鼓浪屿是各国通商口岸，不能有租界"，叫嚷说："他要虎头山，我要虎头山连界的寮仔后。"英国公使在北京向清政府公开表示，"鼓浪屿地，不允拨作专界"。由于英、美、德三国领事的抗议，不久以后，日本答应不再索取鼓浪屿，但要在厦门占领一个重要地段；美国领事表示，只要日本不侵占鼓浪屿而在厦门岛上设立租界，"敝国并不出面阻止"。日本遂改为要求划虎头山及草仔埯为租界范围。

虎头山是扼守厦门的要地，日本侵略者坚持要把虎头山划入租界，显然是出自其独霸厦门的野心。恽祖祁看出"日人专力谋厦，故必争虎头山"，同时也看到广大群众的反抗情绪，"一旦割去，厦民必不甘心"，因而不肯答应划界。他据理力争，寸步不让，并且警告说，如果日本硬要划界，广大群众"势必相率阻挠，酿成祸端"，并提出浮屿、沙坡头两个地点让日本人选择，可是日本领事坚持非要虎头山不可。日本专管租界一事就这样僵持着。

5月12日，厦门道台和海关税务司辛盛来虎头山勘察时，人们以为洋人要来划界，顿时，男女老少聚集几千人，群情汹汹，坚决反对。地方政府只好要求日本领事不要坚持以虎头山为租界，并且请海关税务司劝说日本领事。可是，上野专一"不肯丝毫通融"，而且还指使日本人在虎头山上悬挂日本国旗。附近居民看见日本人企图强占国土，无比愤怒，"群起而攻，将旗撕破"，"界内居民与日人较闹，通厦商民，关闭两天"。

日本方面以厦门道台多方阻扰划界，与日本上野专一领事意见不合为理由，竟然要求清朝当局把恽祖祁调走，另派其他官员办理，并且威胁说："如果不把他调走，将来同日本领事办理交涉，就会发生更多的麻烦了。"对于这种公然干涉内政的无理要求，清总理各国事务衙门也不敢公开答应。见外交谈判难见成效，日本便再次采用军事手段进行恐吓，以武力进行进一步的威逼。

6月上旬，日本常备舰队就派遣"和泉"号巡洋舰到厦门港，并故意对外放出风声："日本兵3000名将由台湾来到厦门。"8月1日，日本海军又增派火力强大的"高千穗"号巡洋舰巡航厦门海域，"和泉"号则被指定必须停泊厦门港。

面对日本的军事威胁，清政府唯恐得罪日本侵略者，指示地方官员"以联络邦交为要务"，在交涉中要"婉转以求全"，并且委曲求全地另派福建按察使周莲（前任厦门道——作者注）前来办理划界事务，完全排斥了恽祖祁，实际上满足了日本的要求。厦门人民对于清政府的卖国行径深为不满，当时"舆论愤激，已有暴动之酝酿"。

8月初，周莲到来时，各界代表纷纷要求不把虎头山划入租界。可是周莲秉承清政府"早日划定，不宜在延"的旨意，不让恽祖祁插手，背着广大人民，同日本领事策划，中日双方终于在厦门岛虎头山下沿海一带划出4万坪，设立日本专管租界。并且匆忙决定在8月23日进行划界。

8月23日早上，日本领事派警察官日吉、书记官松本来龙泉宫，会同厦防同知方祖荫及当地绅董等来到现场共同划界。警察官日吉、书记官松本"带竿旗亟欲插界"时，当地居民看到日本侵略者公然要来霸占土地，立即聚集了几百人，高声责骂，群起驱逐。日本侵略者竟然进行恐吓，激起人民的更大愤怒。人们拣起石块、砖块，妇女们也拿起了扫把，一同驱逐侵略者。这两个家伙吓得仓皇奔走，广大群众追到海边。日本人登船逃跑，"过于张皇，至被众人在岸拾石而掷之，一日本官中有微伤"，划界以失败告终。

虎头山的反日斗争爆发以后，日本"高千穗"号上的170多名士兵在鼓浪屿登陆，并且扬言要借用厦门港作为海军操场，对地方官员施加压力。后来又调来"泰苏达"号兵船进行恐吓。借此武力之依靠，日本政府向清朝提出无理要求，即"索令清廷偿赔……之数事"：一是道台之处分；二是损害之赔偿；三是令出将来警戒之告交；四是正定租界。

事件发生以后，广大群众集合起来"分赴臬宪行辕及道署喊冤"，谴责周莲之流勾结日本、出卖主权的罪行，警告他们要"保全国土，勿媚外人"。这一事件也激发了广大人民的斗争情绪，到处张贴"驱逐日人"的标语，商铺罢市，船工罢海，进行声援。由于罢工，船户也不为洋行运输，各洋行的货物堆积在仓库、码头，没有人搬运。虎头山一带的群众还放火烧毁日本人的住房。在这种情况下，清政府害怕事态扩大，不得不暂时把划界延搁下来。他们一面欺骗群众，说是"决不将虎头山地割作租界"，一面却答应日本按原定界地划给，只是由于"民心浮动"，暂缓办理。

9月6日，厦门道台恽祖祁被免职调离，清廷随即做出《厦门事件赔款之决定》，表面对日本政府所提"四条皆诺之"，但实际上除了兑现日吉和松本得偿慰问银1500弗（一弗约华银一元），其他日本人被伤者，赔还870弗之外，其他"三件尚未能遽了"。其最重要的"划定租界"之事以"尚有细则甚多，明年来春议决"、"官吏免黜"则以"日本新任公使到任后再处理"等进行推托。日本政府虽然不敢动用武力，但却步步紧逼。

10月25日，周莲同日本领事签订《厦门日本专管租界续约章程》共6款，后又签订《厦门日本专管租界续约章程》共12款。规定"其界址四至，由虎头山脚下起，西至瑞记行面前海滩，东至洗布河西边大路，南至瑞记行栈前面海滩，北至更楼尾市仔街殿后街直抵讲古脚为界"，但上述两部章程均为纸上条款，未能实际操作。在晚清的外交史上，像这样通过软缠硬磨挫败列强的强取豪夺的事例，可以说是绝无仅有。

此次虎头山（厦门史称"虎头山事件"，日本称"1899年厦门事件"——作者注）反日斗争有广大群众参加，规模较大，提出了"保全国土，勿媚外人"的口号，把斗争矛头指向日本侵略者及其走狗，这是鸦片战争以来厦门人民自发的反侵略斗争的新高潮。这次斗争是在资本主义列强瓜分中国的情况下发生的，日本企图在厦鼓划占租界的阴谋，遭到中国人民的坚决反对，加上各国领事之间内讧的影响，一时未能得逞，日本只好窥伺时机、相机行事了。

二、"福建省不割让"及"让与或租借厦门港"

1. "福建省不割让"

甲午战争后，日本强迫清政府签订《马关条约》，从中国豪夺诸多利益。可是割让辽东半岛条款触动了俄国的核心利益，引发"三国干涉还辽"之事。日本在甲午战争中大败清王朝，对西方列强震动极大，而日本单独占领台湾又强烈地刺激了列强对中国领土的觊觎，19 世纪最后几年，瓜分中国的狂潮终于掀起。俄国在辽东半岛伸张势力，德国插手山东半岛。列强瓜分中国，势不可挡。日本政府目睹西方列强在中国划分势力范围，也蠢蠢欲动，认为机会难得，决不能错过。

1898 年 4 月，日本驻华公使矢野文雄奉内阁之命，向清政府提出"福建省之任何地方不能割让或租予他国"的照会。在日本武力威逼下，4 月 24 日，总理衙门接受日本的要求——"不会把福建省割让或租借给任何国家"。这里所说的"任何国家"，理所当然也包括日本在内。

可是，日本内阁给矢野文雄的训令是"福建省不得让与或租给日本以外的其他国家，"为此，矢野文雄别有用心向清政府提出照会，条约不用中、日两国文字，而是用英文来签署两国条约。根据他自己的解释，英文的"其他国家"可以译成汉语的"他国"或"别国"，即其意在预留将来解释辩驳的空间。换句话说，日本为达到目的，可以厚颜无耻地不要国家尊严，在两国政府间的条约不用本国文字，而用第三国文字，并以第三国文字来玩弄文字游戏，企图通过模棱两可的表述来达到独吞福建省的目的。

4月25日，中日发表了《福建省永久不割让条约》声明。福建省不割让声明一经公布，日本朝野"欢欣鼓舞"，纷纷发表意见，支持日本当局的做法。27日，福泽谕吉闻讯"欣喜若狂"，立即撰文表示支持，对日本当局的作为"大加赞同"，叫嚣说，在当前的情势下，"逼使其誓言不割让该地区给他国"，"是极为妥当的处置"，这也是他多年来一直期待的。28日，首相山县有朋对陆军大臣桂太郎说"五六天前听到内部消息，说我政府就福建省要求一事照会清国政府，心里暗暗欢喜"，当获知清政府答应后，更是大加称赞："为国家大贺至极。"

2. 让与或租借厦门港

1898年4月，在中日发表了《福建省永久不割让条约》声明后，见英、美、德等列强大哥没有出声反对，自以为获得列强默许的小弟日本，得寸进尺，为"有利于向大陆扩张"，向清政府提出"在福建省沿岸让与或租借一港口"，而日本政府所要"让与或租借"的港口其实就是厦门港。

厦门是英美传统势力范围，"让与"这个强盗行径不但会遭到中国的拒绝，更可能会引发英美列强武装干涉，而所谓"租借"，则不会引发英美列强武装干涉，是日本明夺暗抢的好借口。

早在14年前就鼓吹日本应该侵占台湾、福建两省的福泽谕吉闻讯就毫无廉耻地强调："吾辈所说的借用，确确实实是暂时的借用，绝对没有占领的意思。"可是，至于借用期限，福泽谕吉却说"不必追究"，而"如果拒绝我国这一正当要求，只有动用武力，别无他法"。所谓国权主义者福泽谕吉的强盗逻辑，由此可见一斑。

5月10日，日本的《万朝报》上发表"福建口岸的警备"一文，对"租借厦门港"，其中有如下评论："有关租借厦门港，……是为了维持台湾治安的需要，对清国有所要求，自是名正言顺。当初要求割让台湾时，没有注意到对岸的港湾，不仅政府蒙昧，国民也无知，现在又能责备谁呢？占领东南七省的门户台湾，毋庸置疑，对清国来说是一大重创……台、澎一日守得住否？而且台湾的匪徒（抗日义士——作者注）每结根蒂于对岸，以扰动新附不安的地域，了解该地区情况的人都说，要维持台湾的治安，首先必须审察对岸。以台湾治安为由，向清国有所要求，我想名分极正。"日本企图通过租借台湾岛对岸的厦门港来进一步实施对台湾的殖民统治，并以此为据点向中国大陆进行势力扩张。日本无理要求遭到清政府拒绝。

虽然如此，1898年"福建省不割让"声明的发布，给日本的对外扩张"开辟又一条利益线"。为此，"1898年10月，日军参谋总长川上操六、上海贸易研究所（后同文书院——作者注）所长荒尾精、冲绳县知事原繁到台湾会合，商讨今后日本发展方向，指出"作为战胜之结果，……由于三国干涉还辽，全部归于泡影，积年折冲辛苦终归徒劳。无奈，改树第二经纶，其一般方略，为抛去过去北方政策，即日本海沿岸的大陆政策，着手新的南方国策"。台湾第二任"总督"桂太郎、首相山县有朋也相继提出"北守南进"战略，蓄意向南方福建、厦门进行侵略和扩张。

这时，台湾岛就自然成为日本南进的天然据点，"遂以其地为图南之策源地，进行重大活动"。

第四节　"总督"游说内阁，台为侵厦跳板

日本在厦门设立专管租界和"让与或租借厦门港"的实际失败，以及"福建不割让协议"没有使日本在福建获得具体权益。

经"台湾总督"游说内阁，于是，日本政府决定将对厦门的"经营"的侵略行动交由"台湾总督府"执行。

1898 年 10 月，"台湾总督府"派刚上任的陆军幕僚长木越安纲到福建，在中岛真雄的引导下到福建省各地勘察地形、探测物产资源以及调查交通运输等状况，回台湾后就制定了 1900 年厦门事件时的"用兵计划"等一系列方案。

1899 年 6 月，"台湾总督府"第四任"总督"儿玉源太郎发表《关于统治台湾之过去及将来的备忘录》。进一步系统地阐明"对岸经营"的方略，把"经营"的目标锁定在厦门一地。备忘录的内容共 14 项。

备忘录的第一项开宗明义，日本割占台湾并实行殖民统治，其真正目的就是为了"南进"。从 14 项的内容来看，虽说这是关于日本如何殖民统治台湾的备忘录，但真正涉及台湾的只有两项，而其余的 12 项则全都是关于如何在台湾岛的对岸福建省尤其是厦门地区扶植乃至扩张日本势力的策略问题。其中第五项讲到了修筑港口问题，把厦门港看作可资台湾利用以及是东洋屈指可数良港的观点，足见已经把厦门港事实上看作台湾岛的附属地；第十项，涉及在厦门特务机关设置问题。儿玉源太郎完全沿袭了三年前即 1896 年第二任"总督"桂太郎所提出的"北守南进"方针，并且明确具体地提出"对岸经营"策略。

1899 年 6 月 24 日，儿玉源太郎回日本东京述职，再次明确具体地提出"对岸经营"厦门策略，获得日本内阁的支持。

1899 年 7 月 6 日，日本报纸《日本》为此发表社论，鼓吹日本应以台湾为据点，向中国华南地区扩张，首先是向福建省扩张。社论指出"台湾的经营不能仅以统治台湾为满足。不应该忘记加强与其对岸即一衣带水的大陆之间的联系，这是非常重要的，而且首要地区是清国福建省。毫无疑问，我国政府指示驻清公使迫使清廷签订福建不割让之约就是其体现。为了使该约束具有效应，台湾的经营就不容许排除其利益线的经营。岂能只经营台湾而不去谋取福建省沿岸的权益呢？因为这不仅会导致不割让之誓约成为一纸空文，而且整个经营也将变得毫无意义"。

7月10日，日本政府在东京的帝国饭店特意为儿玉源太郎举办了一场盛大的欢迎宴会，出席者包括首相山县有朋及其内阁成员、朝野各政党领袖以及相关各界人士等，共计200多人。会上，儿玉源太郎大肆宣扬"对岸经营"方针策略，得到了日本朝野人士的一致认可、赞同和支持。

8月，日本外务省要求驻中国各地的领事提供协助，配合日本政府针对厦门的"对岸经营"。至此，日本内阁与"台湾总督"之间已经有了不言自明的默契：日本内阁决定将"南进"国策的"对岸经营"及侵略厦门的"大任"交由"台湾总督府"执行。

第五章　八闽门户，再铸锁钥

第一节　重筑厦门海防的历史背景

厦门 1841 年在鸦片战争失守后，"炮台一律毁平，旧址全无，铁炮尚存 10 余座，炮门皆已钉毁，不可复用"。因战后英军还强占在厦门的福建分巡兴泉永海防兵备道旧署，所以，到 1863 年 4 月英军归还兴泉永道前，厦门的海防炮台"并未重筑"。1863 年英军归还强占 18 年之久的兴泉永道旧署，因沿海平静，及"闽省近数年来，一心并志，专为外省转输兵饷"，厦门的海防大计并未提上议事日程。

日本从 1868 年明治维新开始，确定"南进"国策，图谋攻占厦门，进而占领华南和全中国。1874 年 3 月"日本大战船一只，船中的百余人"，"声称借地操兵"强行"寄泊厦港"，暗中在"厦门侦查水陆防务"。5 月，日军蓄意挑起事端、派兵入侵台湾的"牡丹社事件"失败后，还经常派"孟春""日进""高砂"等兵船肆无忌惮地驶入厦门。针对日本的侵略企图，为构筑东南屏障，厦门又开始新一轮的海防建设。

厦门 1874 年开始了第一阶段海防重建，建有龙角尾、武口、鸟空园、屿仔尾、白石头等老式炮台，置英国阿姆斯特朗大炮于其上。到 1884 年，海军进入铁甲战舰时代，厦门海防炮台进行了升级换代的第二阶段建设，改建屿仔尾、白石头两炮台，新建了磐石炮台、胡里山炮台和鼓浪屿燕尾山炮台，分别配置 17 生（170 毫米）、21 生（210 毫米）、28 生（280 毫米）克虏伯大炮。

厦门地形图，光绪年间制（彭一万供稿）

厦门附近地形图，光绪年间制（彭一万供稿）

厦门要塞8座炮台，配备各式大、小火炮30多尊。这些大炮雄扼东南沿海，使厦门真正成为名副其实的八闽门户，胡里山炮台更是成为厦门"天南锁钥"之雄关。

清末重筑厦门海防要塞概要
1874年—1898年

重建原因	★1841年—1874年鸦片战争失败后的33年，厦门海防未重建。 ①1842年—1863年21年间，英军占领兴泉永道海防兵备道，厦门海防未能重建。 ②1863年—1874年11年间，英军归还兴泉永道海防兵备道，因沿海平静，厦门为外省输出兵饷，海防未提上议事日程。 ★1868年（日本明治维新）—1900年（厦门事件）的32年里，日本制定"南进"国策，图谋攻占台湾、厦门，进而占领华南。

（续表）

重建原因	①1874 年，日本借"牡丹社事件"出兵台湾失败后，声称"借地操兵"，经常派兵船到厦门港，继续阴谋侵占台湾、厦门。为此，厦门开始重建海防，分为两个阶段。

<table>
<tr><td colspan="7" align="center">第一阶段：1874 年—1876 年</td></tr>
<tr><td>性质</td><td>序号</td><td>地址</td><td>修建时间</td><td>火炮名称、射程及数量</td><td>配备炮弁</td><td>克炮维修费/年</td></tr>
<tr><td rowspan="5">新建</td><td>1</td><td>龙角尾炮台</td><td>同治十三年(1874 年)建，分上下两台，下台光绪二十一年(1895 年)重修(上台已毁)</td><td>英国老炮(阿姆斯特朗前膛炮)3 尊</td><td>练军右营兼管</td><td></td></tr>
<tr><td>2</td><td>武口炮台</td><td>同治十三年(1874 年)建</td><td>12 生克虏伯后膛炮 1 尊，英国老炮(阿姆斯特朗前膛炮)4 尊</td><td>练军右营兼管(练军右营内)</td><td>72 两</td></tr>
<tr><td>3</td><td>鸟空园炮台</td><td>同治十三年(1874 年)建</td><td>17 生克虏伯后膛炮 1 尊，12 生英国老炮(阿姆斯特朗前膛炮)3 尊</td><td>练军前营兼管(练军前营东面)</td><td>144 两</td></tr>
<tr><td>4</td><td>屿仔尾炮台</td><td>光绪二年(1876 年)开工，光绪三年(1877 年)竣工</td><td>红夷火炮 4 尊，英国前膛炮(阿姆斯特朗)3 尊</td><td>练军右营兼管</td><td></td></tr>
<tr><td>5</td><td>白石头炮台</td><td>光绪二年(1876 年)开工，光绪三年(1877 年)竣工</td><td>红夷火炮 4 尊，英国前膛炮(阿姆斯特朗)3 尊</td><td>练军前营兼管</td><td></td></tr>
</table>

（续表）

合计	5 座炮台	3 年	26 尊			
作用	5 个炮台建成后，厦门海防初具雏形，但由于是老式炮台和大炮，对于此时铁甲兵船开始称雄海洋的时代，可谓形同虚设。					
停建原因	光绪三年（1877 年）到光绪十年（1884 年）的 7 年，因缺经费，厦门海防现代化建设停建。					

第二阶段：1884 年—1898 年

| 改建再建原因 | ★19 世纪 70 年代中后期，中国正处于海防积弱时代，对铁甲战舰的恐惧症在日本侵台时表现最为明显。面对日本咄咄逼人的侵略势头，厦门同全国一样，从光绪十年（1884 年）到光绪二十四年（1898 年）的 14 年中，投入新一轮的"师夷智以制夷"、筑台购炮的洋务运动。
①1879 年 4 月 4 日，日本灭琉球，改置冲绳县。达到"南进"首要目标。
②1895 年甲午战争失败后，中国签订丧权辱国的《马关条约》，割让台湾、澎湖，并与日本签订"福建省不割让"条约和承诺"让与或租借厦门港"，日本完成了"南进"第二个目标。
③日本侵占台湾后，渐次开始实施"南进"第三个目标——侵占厦门及华南。 | | | | | |

改建	4	屿(鱼)仔尾炮台	光绪十二年（1886 年）改建，分明暗两台	明台	17 生克虏伯后膛炮 1 尊	练军右营兼管勇 20 人	96 两
					350 磅弹天星（前膛）炮 1 尊		240 两
				暗台	英国前膛炮（阿姆斯特朗）3 尊		
	5	白石头炮台	光绪十二年（1886 年）改建，分明暗两台	明台	17 生克虏伯后膛炮 1 尊	练军前营兼管勇 17 人	96 两

（续表）

				350磅弹天星（前膛）炮1尊		
改建			暗台	英国前膛炮（阿姆斯特朗）3尊		
	6	磐石炮台	光绪十二年（1886年）建，光绪二十七年（1901年）改为新式炮台	21生克房伯大炮2尊（射程10000—17500米）	练军后营兼管（练军后营内）兵40人	192两
再建	7	胡里山炮台	光绪二十年（1894年）兴工，光绪二十二年（1896年）竣工。	28生克房伯大炮2尊（射程16000—19700米）	勇120人	480两
				12生克房伯副炮2尊		192两
	8	燕尾山炮台	光绪二十四年（1898年）增建	置新式炮4尊	资料暂缺	
总计		8座炮台	24年全部建成	40尊（以上）		1608两

作用	厦门港海防要塞在历史上曾经做出了自己的贡献。 ①1900年，厦门要塞炮台粉碎了日本军国主义独霸厦门的阴谋。"厦门事件"使日本政府"北守南进"的国策遭到重创，从而导致日本山县有朋内阁倒台，并由此催生出鼓浪屿万国地（租）界。 ②因南北洋要塞炮台被毁，而1898年刚建成的厦门海防要塞威武雄壮，能够弘扬国威，因此，1908年清廷将厦门作为中美海军第一次和平交流的港口。此后，中国海军应邀回访美国，开始走向世界。 ③民国初年（1923—1928年），要塞炮台让厦门免于炮火之灾。 ④1937年击沉击伤日舰各1艘，这是"抗日战争时期在东南海域被击沉的第一艘敌舰"。 ⑤1938年抗击日军攻占厦门发挥重大作用。

第二节 厦门海防要塞各炮台
构建概要和战略位置

厦门海防要塞重筑分为两个阶段：第一阶段为 1874 年至 1876 年，新筑炮台，配置老式火炮；第二阶段为 1884 年至 1898 年，改建、新建新式炮台，配置现代火炮。

一、福建水师提督彭楚汉构筑龙角尾、鸟空园、武口、屿仔尾、白石头炮台

厦门为漳、泉门户，而且是"前明倭寇出入之所"，"关系亦要"。1874 年 5 月，闽浙总督李鹤年"等派员察厦门等处炮台"后，令"福建水师提臣（督）李新燕构筑龙角尾、武口、鸟空园"炮台，6 月李新燕卸任，新任水师提督彭楚汉开始修建龙角尾、鸟空园、武口、屿仔尾、白石头等炮台。

1. 厦门南岸的龙角尾炮台

1874 年在漳州龙海市港尾镇龙角尾临海突出部建，分上下两台。上台已毁，下台 1895 年重修，置前膛装红夷火炮 3 尊。它坐西南，面朝东北方向的厦门南水道，后倚凤宫山，前和北岸的武口、鸟空园两炮台隔海相对。

龙角尾炮台遗址图

"它内距鼓浪屿十里许，外距海口大担屿二十四里许，小担屿二十二里许"，成为守卫进入厦门内港的最后一道屏障。

2. 厦门北岸的鸟空园炮台

1874 年建，置 17 生、12 生的克虏伯后膛炮各 1 尊，前膛装红夷火炮 3 尊，归练军前营兼管。它南靠普陀山，坐西北，面向

东南方向的厦门南水道，左边与沙坡尾连接，右边连接曾厝坡。

3. "漳泉门户"
——武口炮台

乌空园炮台遗址图

1874 年建，在厦门港沙坡尾突出部，它坐西北、向东南，前临海滨，后倚蜂窝山，向西到鼓浪屿海上距离大约 1000 米左右，往东到亲兵营房约 250 米左右。它置 12 生克房伯后膛炮 1 尊、前膛装红夷火炮 4 尊，为闽南重镇漳州和泉州的门户。

武口炮台遗址图

播荡烟尘

4. "播荡烟尘"的屿仔尾炮台

1876 年在漳州龙海市港尾镇石坑村屿仔尾东南临海突出部的镜台山上，建仿西式炮台的环形城堡一座，建 7 座暗炮洞，置前膛装红夷火炮 7 尊。炮台建成后，配守军 300 人，它"后倚凤宫山，坐西南面东北"，"内距鼓浪屿水程十三里许，外距青屿水

闽南保障

程二十二里余”，濒临东海，紧靠大陆，居高临下，与厦门岛上的白石头炮台南北对峙，互为犄角，扼守着厦门海口，拱卫着祖国东南大门，素有“播荡烟尘”之美誉。

5. “闽南保障”——白石头炮台

1876 年在黄厝前海边的白石头旁新建仿西式炮台环形堡一座，建 7 座暗炮洞，安放前膛装红夷火炮 7 尊。炮台建成后，配守军 300 人。它坐西北，向东南，后倚白石头，前临海滨，东与港口青屿对峙，形成进入厦门港口的第一道封锁线，南与屿仔尾炮台互为犄角，形成进入厦门港口的第二道屏障，因此，素有“闽南保障”之称。

二、师夷智以制夷，构筑新式炮台

1876 年，进入铁甲兵船开始称雄海洋时代。而此时，中国海防要塞正处于海防积弱时期，面对东洋日本咄咄逼人的侵略势头，厦门也同全国一样，开始投入到新一轮“师夷智以制夷”、筑台购炮的洋务运动中。

为建好新式炮台，清廷多次派人员到欧洲各国考察学习。1876 年，郭嵩焘、刘锡鸿等出使欧洲国家，负有一项重要使命，就是调查西方列强的炮台建筑技术。曾任驻德国公使的使臣刘锡鸿、郭嵩焘等人在出洋考察过程中，认真地考察了德国的炮台建筑情况，在他们看来，德国以前并无战舰和海军，主要依靠炮台和陆军成为欧洲军事强国。他们不仅借鉴了美国南北战争的经验和教训，而且还直接吸取了

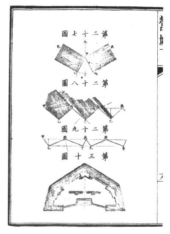

营城揭要、营城图

德国、英国的建筑技术，在总结各国特别是英国的“营城揭要、

营城图"和德国炮台模式后，他们在给光绪帝的奏折中写道："前臣奉命出洋……闻德四十年前并无轮船水师，专特陆兵炮台以资戍守……练兵筑台诸制实为欧罗巴一洲之冠"，即主要依靠炮台和陆军而成欧洲的军事强国。1878年回国后，专门制作了一个长一尺三寸、高三寸的炮台模型，建议工部、总理衙门仿造和推广，在报告附单中，还详细地介绍了德国各种炮台的建筑技术和数据。此外，他们还就如何设置内河障碍物，制造和布置水雷，有效拦阻和延缓敌船进入内河，保护海港海口，列举了大量事实，为军事工程学的研究提供了丰富的资料。这些翔实的介绍，对于光绪时期沿江沿海各地的炮台建筑不无借鉴意义。经工部、总理衙门推广，厦门海防要塞炮台遂依据他们制作的炮台模型开始了全面改建和仿造。

三、购炮求极利，不问为德英

为买好大炮，从1866年起，清廷数次派出考察团，到德国、法国、英国、瑞士、俄国、比利时、美国、奥地利等国家，考察了38家兵工厂。他们仔细地比较了各国工厂制造的大炮，认为德国克虏伯兵工厂自1862年以后生产的纯钢克虏伯大炮，不但可以满足每分钟发射1—2发炮弹、火药爆燃时产生2727度左右高温和50—550兆帕（Mpa）之间高压的需要，还可以连续发射，具有多种优势。

考察团在欧考察期间与外国政要合影（克虏伯档案馆供稿）

皇帝特使访问德国埃森（克虏伯档案馆供稿）

一是克虏伯大炮属于现代后膛火炮，射程远、射速快及操作灵活，每分钟发射1—2发炮弹，可连续发射上百发。

德国克虏伯档案馆提供 28 生克炮射程等数据

二是克虏伯大炮的炮管材料是以合金钢铸成的特种钢。它采用当时世界上最为先进的炼钢转炉——"阁拉裴特缸"进行炼钢，因"其缸须能受极大之热，用过之缸不能再用，其造缸法为克虏伯不传之秘。"

阁拉裴特缸（克虏伯档案馆供稿）

三是采用最新的炼钢技术——马丁炼钢法，生产出改性钢——"梯格钢，此钢天然精细，极其坚固兼能延长，永不忧其破裂"。

四是炮管经过当时堪称世界奇迹的一千公担的落重蒸汽锤将秘制纯钢千锤百炼，然后再运用滚、轧、锻等当时最为先进的工艺技术对钢材的内在性能进行再处理，从而使大炮钢质坚韧无比，钢韧性和耐热性等均为上乘。

1000 公担落重蒸汽锤（克虏伯档案馆供稿）

对炮钢进行滚、轧、锻（克虏伯档案馆供稿）

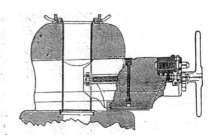

克炮炮闩图释

五是"炮门天然精细，极其坚固兼能延长，炮门另用横闩"……永不忧其破裂"。

六是运用最新力学理论成果，采用筒紧身管和丝紧身管两种"增强身管"技术（又称紧固身管），保证抗弯、抗压和抗高温的强度，提高身管承载能力，使大炮在战斗时能"赶快装放"和连续发射，延长身管的寿命。

七是克虏伯大炮右侧配置了提弹装填系统及"弹丸"车运送系统，保证了快速运送炮弹和装填炮弹，达到每分钟发射1—2发炮弹的要求。

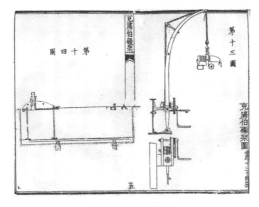

28生大炮提弹图

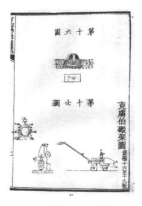

28生克炮送弹车

八是克虏伯兵工厂率先发明了世界第一代穿甲开花弹。克虏伯炮除了配备巨大杀伤力的开花弹之外，主要配有世界第一代穿甲开花弹，或称之为"双层开花弹"，这样就能达到"洞穿船身而炸于船内"的穿甲开花毁船之目的。

因此，他们的结论是其他国家生产的大炮"半铁半钢费虽贱，惟有用久则有裂缝之虞"，而德国生产的"克炮纯用全钢，价虽贵，而无弊"，最终建议"克虏伯炮之力实能致远，唯而少差，可知

开花弹、穿甲开花弹图

水战之尤难命中者，更宜以克虏伯为上"。回国后，考察人员向清政府呈送了一份附图报告：《谨将各国所造枪炮：各目并比较优劣情节开呈》。根据考察的报告，北洋大臣李鸿章亦在1896年冬亲临德国埃森的克虏伯兵工厂，实地考察后，批示购德国克虏伯大炮。从1871年起到1902年的31年

考察报告附 28 生克炮图（克虏伯档案馆供稿）

李鸿章考察克虏伯工厂生产车间（克虏伯档案馆供稿）

1867 年 7 月 1 日，李鸿章参观梅喷射击场（克虏伯档案馆供稿）

中，清朝从德国购买了 6793 门各种类型各种口径的克虏伯大炮，厦门海防要塞克虏伯大炮也在其中。

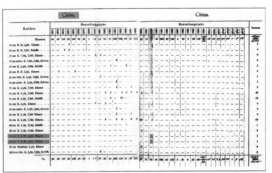

李鸿章 1879 年批示购德国克虏伯大炮文书（克虏伯档案馆供稿）

德国克虏伯工厂从 1871 年至 1912 年卖给中国各型大炮部分清单（克虏伯档案馆供稿）

四、福建水师提督彭楚汉改建屿仔尾炮台、白石头炮台，建磐石炮台

1. 屿仔尾炮台改建

1884 年屿仔尾炮台改建时，将北面和西北面的 4 座暗炮台改为 2 座露天炮台，正北面炮台安放 17 生克虏伯后膛炮 1 尊，由 20 名兵勇负责操炮；西北方向炮台安装前膛装 350 磅的天星炮 1 尊。原 3 个暗炮台不变，安放前膛装红夷

屿仔尾明暗炮台图

火炮 3 尊，派兵勇 24 名管理。改建炮台后共有兵员 44 人。

2. 白石头炮台改建

1886 年白石头炮台改建，将西南方向的 4 座暗炮台改为明炮台2座。东南方向炮台置17生克虏伯后膛炮1尊，由17名兵勇负责操炮；正南方向炮台安装前膛装350磅的天星炮1尊，原3个暗炮台不变，置前膛装红夷火炮3尊，"派兵二十四名管理"。改建炮台后共有兵员41人。白石头炮台"西南路通何厝乡，东北路往磐石炮台，约十里许。"

白石头明暗炮台图

3. 建磐石炮台

1886年建，"置21生克虏伯后膛炮2尊，兵40名"，由练军后营兼管。两炮坐西北，炮口面向东南方向的入港口的航道，西炮位靠前，东炮位在后，距离约4.5米，以便两尊大炮同时面对入侵敌舰。

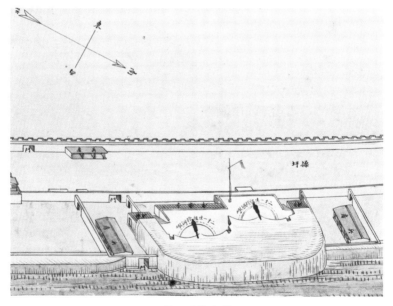

磐石明炮台图

　　磐石炮台建立在高于海平面 2—3 米的海岸边，和白石头、屿仔尾炮台形成"前高后低"、"两高一低"的布局，它既可调高射击角度，在战术上炮火射程内左右可支援两个炮台；压低射击角度，又可平射，打击利用白石头、屿仔尾炮台大炮因高于海平面 12 米左右而造成射击死角窜入厦门内航道的敌舰，形成厦门港要塞的"铁三角"。

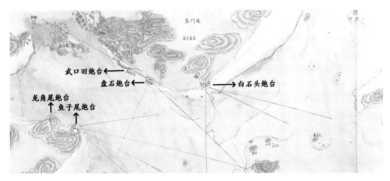

厦门各炮台大要全图

　　至此，厦门港海防体系由 3 座露天西式城堡炮台组成。厦门北岸的磐石、白石头两炮台与南岸的屿仔尾炮台夹峙，联手拱卫，但这张由 4 尊射击角度为 180 度的克虏伯大炮编织的交叉火力网，虽然能起到威慑觊觎鹭岛之敌的作用，但要保证做到战时实际封锁厦门水路并拒敌于外海，急需建设火力更为巨大的新式炮台和配置现代海岸炮。

五、福建水师提督杨岐珍建胡里山炮台

　　1874 年，清廷就拟在厦门岛南部海岬突出部的"胡里山嘴"建造胡里山新式炮台，但修筑胡里山炮台城堡和购置 280 毫米克虏伯大炮所需经费浩大，当时估计"约需三十万两"白银，由于筹措无着，致炮台的修筑和大炮的购置一波三折、历尽艰难。在三任闽浙总督卞宝第、谭钟麟和边宝泉的共同努力下，从 1874 年开始"议办"，到 1888 年开始"筹办""展办""延办"，通过

采取"裁撤闽省兵勇"及"均减十分之二"薪量、截留"新海防捐输"二年等措施，可资金缺口仍然巨大，只好再奏请延期截留"新防捐输"一年，同时发动"厦门口地方绅商集捐"，并向德商"上海德华银行贷款"，经过 20 多年的多方筹集，才"凑集成数"，至 1894 年终于可以筑台购炮了。于是，闽浙总督谭钟麟采用德国陆军上尉汉纳根的设计方案，经朝廷同意后，命令福建水师提督杨歧珍督建胡里山炮台，并

福建水师提督杨歧珍

命"闽省防办续添水陆勇丁修建炮台"。杨歧珍"命水师管带赖启明绘图，工首厦门禾山叶文进负责承造，并委任知县钮承潘、张文治、罗鸣风等为督造，委任林世春为总巡工"，于 1894 年 3 月"兴工"。同年 10 月 21 日，两江总督的张之洞致函总署，想借"今日至宝"两尊 28 生克虏伯大炮，因厦门港地位重要，谭钟麟予以拒绝，总署对张之洞所提要求亦未予答复。此后，厦门加快了炮台的建设，经过两年八个月的艰难建设，1896 年 11 月初终告"竣工"。

1893 年胡里山炮台"二十八生的克虏伯后膛炮二尊，又十二生的二尊"副炮，自德国的埃森港由

致总署 光绪二十年十月二十一日未刻发

现在未用不胜迫切待命之至请代奏马

尤望饬闽督千万秘密勿漏式定购一觔照还闽省且

地位备安磁到卽行安置以後江南当一觔照式定还闽省

應用如蒙允磁到卽雇洋船运此磁借与江南上

懇聖恩俯允将江全局电旨饬闽督谭将此磁照鉴一大利害

江陰重厦門厦門僅去一隅倭未必到而尚无關繫長江

數省全局止一磁现放船政門外稿思江陰無關大利害

安厦門磁臺因磁到省亦卽由朝廷借鉴之中仰

門磁臺亞未造成此磁現放船政門外稿思江陰無關厦

爲厦門磁臺因磁到省亦安長門磁臺此原擬實

新式長磁二尊磁力極大而遠爲省四十倍口徑

買訪知福建有前膛磁二十八生四十倍口徑擬

兵事已起此時大磁顾多正擬添購膛而

後膛磁不止此處因原有前膛磁頗多正擬添購

後膛磁皆係中等以下斷難攻擊敵船各處臺添

江陰爲長江第一門戶查該處舊係前膛舊式其

署理两江总督张之洞致总署函

洋轮"埃森"号运炮中国（克虏伯档案馆供稿）

"洋轮埃森号运至闽江口，起（调安）顿船厂。"1896 年 11 月，胡里山炮台建成后，由福州马尾的船政厂"造方舟（驳船）装运"转运至厦门。派排水量 572 吨、装备 9 门大炮的木质军舰"靖远"号和排水量 1358 吨、装备 8 门大炮的木质武装运输舰"琛航"号两舰护航，由"候补知县李麟瑞押运，监工张启正预带器具工料匠丁赴厦"，他们首先在炮台东边沙滩上开挖船坞，并借涨潮之机将"方舟"开进船坞，然后铺设（铁）轨道，用大型特种人力机械珩吊将克虏伯大炮各部件"起驳"上岸，再沿着炮台东面的壕沟及预留的斜坡运上战坪台面，按装配图纸要求逐件"安置完妥"。

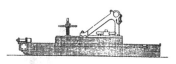

方舟，即驳船，运克炮之用

珩吊，用来吊装克炮的人力机械行车

配官兵 140 名，"委纪升为炮台守备，赖启明为管带；分左、右两旗，设左右旗官各一名，正、副炮目各 2 名，匠目 2 名"，积极操演备战。

东壕沟坡道遗址　　　　　　　胡里山炮台全图

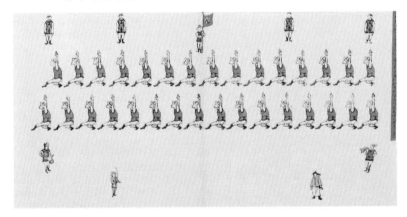

炮兵操练图

　　胡里山炮台位于厦门岛南部海岬突出部，东距白石头炮台 4500 米左右，向东可支援白石头炮台，提前将敌舰拦阻在厦门水道之外。它正面（南面）和对岸的屿仔尾炮台隔海相对，互为犄角，炮火交叉可阻击封锁厦门航道之敌舰；它西距磐石炮台 5000 米左右，向西可追击进入厦门港的敌舰，可协助磐石炮台守住厦门港；向北等可支援陆军坚持后山阵地等。因此，胡里山炮台是厦门要塞战略性炮台，为主炮台和指挥台。

加胡里山炮台的厦门各炮台大要全图

　　胡里山炮台的竣工，不仅是厦门或闽浙（台）的一件盛事，更是中国海防史上的一件大事。因为当时中国南北洋炮台在第二次鸦片战争全部被毁，而刚建成的胡里山炮台因拥有每尊重达 80 吨的新式巨炮，"为中国各省炮台所无，实为今日至宝"，所以，为纪念此盛事，厦门工部局特发行一套明信片。

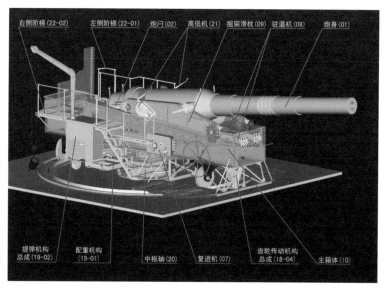

28 生克炮结构示意图

厦门港炮台建成后，由于布局合理，火力强大，外国人称之为"厦门要塞"，而胡里山炮台由于地理位置重要，处于厦门港航道的突出部，各种装备最优而成为厦门要塞的"天南锁钥"。胡里山炮台建成后，标志着闽海国门再铸锁钥的工程基本完成。

六、建燕尾山炮台

厦门海防要塞防卫虽然周密，但都集中在南水道，对于从北水道（高崎）进入厦门内港的西入口处和漳州九龙江入海口处"设防尚未周备"。为此，新任闽浙总督许应骙拟在鼓浪屿岛西端靠厦门航道西入口处和九龙江入海口处的燕尾山顶"增建炮台，置新式炮"。1897年燕尾山顶按"X"环形建4个露天炮位，"置新式炮"4尊。炮位的规制统一，呈椭圆形，约25平方米左右。炮位间的南北距离80米，东西距离60米。环形炮位左右相间距离在30—40米之间，其每个炮位按顺时针方向及其作用是：正南方向的炮位为第一道防线，主要是封锁从鼓浪屿后的外航道东端驶往西端的敌舰；西南和西北方向的炮位，为第二、第三道封锁线，主要是拦截窜入厦门西航道的敌舰，防卫九龙江入海口和扼守进出厦门内港的门户；东北方向的炮位直指厦门内港，主要是配合磐石炮台，东西夹攻，打击冲进厦门内港的敌舰。但更精妙的是不论其中哪个炮位需要，其他3个炮位均可及时提供炮火支援。

鼓浪屿燕尾山炮台遗址

至此，厦门改建、新建的海防工程建设全部完成。厦门港要塞形成新、老炮台共存，新、旧火炮搭配，即以西洋远程现代火炮攻击铁甲舰的舰身，以中国自制火炮攻击敢丁靠近的敌小船和士兵的完整的海防体系；保证了从东西南北四个方向拱卫厦门港，厦门要塞成为名副其实的"八闽门户，天南锁钥"。

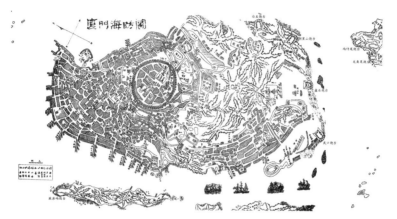

1899 年厦门海防要塞八大炮台图

第六章 出兵鹭岛折戟，日"南进"梦断厦门

第一节　日本侵略厦门的历史背景

1900 年初义和团运动，他们以"扶清灭洋"为口号，所谓的"洋"是指西洋，本与"东洋"鬼子日本无关，但日本也想趁此机会推进侵略中国的计划。而此时，英美等七国因兵力有限，也多次怂恿日本参战镇压义和团运动，特别是英美承诺，只要能够派兵参战，愿意向日本提供财政援助。

应英美的邀请和承诺而参加列强的共同行动，对日本而言，绝对是一个天赐良机。

一是日本国力有限，对中国的侵略扩张受到严重限制，"甲午战争胜利所获得的在中国的专管租界地，荒草弥漫的现状就是其明证"。所以，日本对中国的战略是依傍英、美等老牌帝国主义来寻找机会，在英、美等国的财政支持下，参加列强的共同行动，以期分得一杯羹。

二是日本虽然在甲午战争后挤进了帝国主义行列，但仍属二流强国，尚无与老牌帝国主义强国俄国对抗的实力，北进条件不够成熟，而参加列强的共同行动，可以趁机南进占领厦门。

三是 1896 年日本确定"北守南进"战略，经过 5 年的精心"经营"，条件已趋成熟，并已制定出一套"占领厦门计划书"。

四是 1898 年日本强迫中国签订"福建者不割让"协议，没有遭到西方列强的反对，日本误以为列强默认了福建是它的势力范围，只要制造合适的"意外"，就可占领厦门。

　　五是对"台湾总督府"来说，占领厦门，有一个极为重要的目的，即可切断祖国大陆对台湾抗日武装斗争的支持，以彻底对台湾进行侵占、殖民统治。

　　日本侵占台湾，不甘屈服的台湾军民，在祖国大陆人民的强大支持下和以南洋大臣张之洞为首的东南沿海部分地方官衙"暗中协助反抗"的声援下，奋起抗击日本对台湾的侵略，使日本侵略者付出惨重代价。台湾成为了狂妄自大的日本侵略者的"悲境"和"心酸"之地，失败、悲观论调甚嚣尘上，导致当时日本"在朝野间相当盛行"的论调是将台湾"以一亿元卖给法兰西"。

　　当时日本统治阶层和"台湾总督府"一致认为参战镇压义和团运动，是尽快解决台湾殖民统治问题的捷径。1900年6月26日首相山县有朋紧急召开内阁会议，内定陆军第五师团开赴华北，加入列强的同盟，参与镇压义和团，会议还初步决定出兵占领厦门一事。

　　6月底，日本政府没有得到财政援助，只派兵4000多人。7月8日，心急如焚的英国外相公开声明：日本如能再增援两万军队，英国愿意提供100万英镑的财政援助。见目的达到，日本终于将第5师团派到中国。

　　7月底，在华的八国联军总兵力达32000人，其中日军居于主力地位，共22000人；俄军次之，约6000人；英军2700人，为第三。在对天津、北京的攻击作战过程中，日军也扮演了前锋部队的角色。

　　日军对侵略战争的疯狂，以及甘心充当西方列强的鹰犬，其目的主要是挤进国际帝国主义强国的行列，在向中国勒索时分到一杯羹。但是，1895年日本甲午北进的失败，使日本明白即使充当西方列强的鹰犬，要想在中国北方从列强手中分到一杯羹，绝对是痴心妄想。在这种"动因"之下，日本政府在积极参与列强镇压义和团运动的同时，开始了攻占厦门的阴谋。

第二节 "台民政官"窜闽厦，为"南进"铺路

一、对岸领事会仪，确定行动指针

1899 年 7 月，日本内阁决定将"对岸经营"的南进国策由"台湾总督府"执行。8 月，日本外务省要求驻中国各地的领事提供协助，配合"台湾总督府"的"对岸经营"。

后藤新平

1900 年 4 月 1 日，"台湾总督"儿玉派遣"民政长官"后藤新平以游历的名义到福建省的厦门、福州、漳州等地考察一个月。"台湾总督府"对清政府称，此行是为了与福建省"促进和平共处"，但实际目的却是暗中为"推行帝国的南进政策铺路做工作。"

"总督府"为后藤新平的福建之行做了精心准备，而后藤新平的计划则更为周密。

首先，"台湾总督府"训令东亚同文会福州支部长中岛真雄和派驻厦门的泽村繁太郎（情报人员）返回台湾，在与后藤新平密谋后提出今后"对岸经营"的十项主张。

其次，儿玉请求日本外务大臣训令驻上海、福州和香港三地的日本领事 4 月 2 日前到厦门会合，以便与后藤新平共同商讨这十项主张。

1 日，后藤新平从淡水港出发时，《台湾日日新报》发表社论指出："我相信那绝对不是寻常的官方巡游。"

2 日上午，后藤新平到达厦门，马上在日本驻厦门领事馆召开"对岸领事会议"，与厦门领事上野专一、福州领事丰岛捨松等人商讨台湾及对岸政策，会议讨论了"南清经营"的十项主张，达成了"对岸政策协议"，确定了日本"南进"战略的具体

行动指针。

二、窜访福厦漳，谋划侵厦战略

后藤新平到厦门后，参观了东亚书院、虎头山专管居留地、台湾银行厦门支店；先后拜访了福建水师提督杨歧珍、厦门道台陈延年。在福州访问了闽浙总督许应骙、布政使张曾敫、按察使周莲、洋务局长代理杨文鼎、盐法道台启约、福州徐知府、银元局总办孙葆瑢、闽县刘知县、侯官县叶知县和陈宝琛等福州当地官绅。去漳州和荣道台、杨副将、刘知府、孙知县等一起会谈。对闽浙总督许应骙提出"听闻，最近'台湾总督府'向福州厦门派遣数千兵丁……，又听闻，……日本帝国军舰常出入，此时出入是否有窥探疆域的意图"，后藤新平一口否认，大谈要"促进和平共处"。

后藤新平与福、厦、漳官员的见面表面上是礼节性的访问，但暗中却带着"推行帝国南进政策的铺路工作"之任务，取得了很大的成果：

第一，通过"对岸领事会议"，讨论确定"南清经营意见书"的 10 项内容，达成"对岸政策协议"，明确日本和"台湾总督府"今后对中国侵略的行动指针。

第二，确定侵占厦门计划按"南清经营意见书"执行。

第三，达到此行的主要目的，即成功地蒙蔽了福建省大部分官员，较好地掩盖日本侵略厦门的阴谋。如 1900 年日本已派兵登陆厦门岛，准备全面占领厦门，而清朝和"当地官员都相信，在厦门发生的骚乱是一件小事，没有人怀疑'台湾总督府'参与此事"。

第四，确定"台湾总督府"厦门情报部门升格：一是由厦门、福州两地领事兼任"台湾事务官"；二是厦门、福州、上海、香港领事，凡有关涉及台湾及"南清地区"的事项，在向日本外务省汇报时，也要同时报告"台湾总督"；三是驻厦门、福州僧侣（情报人员——作者注）经费补贴由"台湾总督"发放改为由日本政府解决。

总之，这次后藤的福建之行，可以说就是日本蓄谋武装攻占厦门的阴谋布局之行。

第三节　图谋已久，天皇"敕许"占厦门

日本政府一方面加入列强同盟，派出2万多人的大军参与镇压中国人民的反帝反封建斗争，另一方面又以保护侨民为名，开始向中国南部派兵。

5月1日，"总督"儿玉向日本中央政府提交《占领厦门意见书》，提出武力侵占厦门。他强烈主张应该尽量利用当下有利的国际形势，在台湾对岸的厦门占据立脚点。

6月初，日本海军派遣"须摩"号、"筑紫"号、"和泉"号军舰，以厦门港为母港，执行警备任务。

"筑紫"号

"和泉"号

此时，北方的义和团运动如火如荼，但在南方，特别是福建和厦门地区还很平静，日本无法找到出兵借口。

6月下旬，风传3000名日本兵将由台湾来到厦门，厦门形势顿时紧张。为此，23日，清政府厦门当局召开驻厦各国领事会议，会上宣布："厦门现下虽未发生任何事态，但为预防万一，必须采取充分防卫措施，保护外国人等。"同时告知："政府也向厦门派遣了一艘炮舰，已进入港口，并将大量的步枪、弹药、粮食等卸存陆地；同时还增加了守备兵力，进行炮台的防御准备等。为防万一事态发生以及防止人心骚乱，希望停止外国军舰进港。"

26日，日本政府召开紧急内阁会议，初步决定"南进"战略由"台湾总督府"执行，出兵占领厦门。

7月6日，日本政府虽正式下达第5师团动员令，但因没有收到钱而不派兵。8日英国外相公开发表声明，日本如能再增援2万军队，英国愿意立即提供100万英镑的财政援助。见此良机，日本出兵中国并准备将"南进"调整为"北进南守"。在此关键时刻，14日儿玉立即派遣后藤新平赶回东京，向各方面游说实施"南北共进"的国策。

23日，后藤新平赶到东京两次拜访当时的实力人物、贵族院议长、东亚同文会会长近卫笃磨公爵和海军大臣山本，表示"台湾总督府"已决定占领福建厦门。在后藤新平为攻占福建沿海之事奔走于内阁与军阀之间的游说下，"台湾总督府"终于达到了梦寐以求的目的，使日本政府同意实施"南北共进"国策，再次确认"南进"攻占厦门。

近卫笃磨

对于虎视眈眈企图独霸厦门的日本，闽浙总督许应骙采取"以夷制夷"，决定利用列强之间矛盾和共同利益，以外交手段来遏制日本侵占厦门。当然这种前门拒狼、后门引虎的做法于整体中国主权和利益并无益处。

14日，闽浙总督许应骙和福州将军善联与驻福州的俄、美、日、英、法、德、荷等八国领事签订了《福建互相保护约章》。约章有两个核心内容：一是在福建、厦门各国官商、传教洋人的生命财产由中国地方官保护，各国不能以保护侨民为借口出兵；二是如中国地方官无法保护，则由八国共同出兵保护。

清政府福建当局借虎驱狼，利用《福建互相保护约章》之约定，让日本独霸厦门侵略行动为列强所共同抵制。条约签订后，勉强维持了东南一隅的苟安，也消除了列强特别是日本趁乱挑起事端的借口，日本对此极为恼怒，但也无可奈何。

8月1日，日本海军训令"高千穗"舰驶往厦门，作为主力战舰，舰长武井久成负责指挥"须摩"号、"筑紫"号二舰，执行警备任务，并明令"和泉"号必须停泊厦门港。

"高千穗"舰

就在日本持续派军舰增兵厦门之时，福建地区又开始疯传"'台湾总督府'拟派兵三千到厦门"，厦门形势又紧张起来。因害怕日本侵略厦门阴谋提早曝光而遭失败，后藤新平特意就传言一事分别致函亲日派福建布政司张曾敫和内阁学士陈宝琛，大谈特谈中日亲善，再次表示如无"意外"，日本和"台湾总督府"不会派兵到厦门、福州。

8日，在调兵遣将部署完成后，儿玉向陆军参谋次长寺内正毅致函说：已派人"调查如何占领"厦门。

10日，日本内阁召开会议，决定必要时从台湾调派陆军协助海军武力占领厦门。

会后日本政府立即密电"台湾总督"儿玉："为了保护日本侨民、维护日本的权益，必要时应该采取强硬的手段出兵占领厦门。"这里所说的"保护"，其实是继续为出兵厦门找借口。

日本外务大臣青木周藏也马上致电儿玉，询问现在"是否有办法在厦门或福州巧妙地引发排外骚动？"这是明确要求儿玉借义和团运动寻找机会制造"意外"，为出兵攻占厦门提供借口。

12日，海军大臣山本训令外出的"高千穗"号军舰立即返回厦门增援，把原有的兵员和新增加的士兵整编成陆战队，做好出兵登陆厦鼓两个岛屿的准备。

14日，八国联军攻入北京，列强又开始新的一轮分赃，而日本因没有资格参与华北和东北的瓜分，于是决定利用西方列强忙于明争暗斗、无暇南顾之时，趁乱在南方派遣海军和台湾陆军实施攻占厦门的计划。

同日，海军大臣山本对停泊在厦门的"和泉"舰长发出211号训令："拟订好调派'高千穗''和泉''筑紫'之兵员占领厦门港两岸炮台的计划，如有可乘之机，应以保护帝国侨民之借口派兵登陆，占领炮台。"

从这份训令可以看出，山本反复强调的就是占领炮台，进而控制厦门，为台湾运兵船进入厦门港做准备。为达到这一目的，"借口"是日本实施整个计划的必要前提。如果为了保护侨民只需按国际惯例撤侨就可以了，不必如此劳师动众出动3艘军舰驻扎厦门港口岸，更不必派兵武装攻占"厦门港两岸炮台"。这种行动已属侵略的战争行为，而不是"保护"。山本自己也不打自招地承认所谓"保护侨民"只是"借口派兵"而已。

午后，陆军大臣桂太郎将 211 号训令转达给"台湾总督"儿玉源太郎。15 日凌晨儿玉收到电文，正中下怀，马上回电，毛遂自荐要求应由他独当攻占厦门大任。16 日儿玉再发电告知陆军大臣台湾可以派遣"步兵一大队，山炮一中队，臼炮一中队，工兵二中队"参战。同时，儿玉将金子中佐、渡边中佐、藤田军医等人秘密遣往厦门，调查出兵厦门所需军用物资，为出兵厦门做准备工作。

心急如焚的儿玉见没有回电，迫不及待地再次致函陆军参谋次长寺内，表示"台湾总督府"已作充分准备，占领厦门是轻而易举的事情，并表达对上野专一无法制造"意外事故"的不满，暗示必须更换厦门领事，这显然是因为儿玉唯恐找不到开战借口而错失侵略厦门机会的心焦的表现。

就在这一天，上野领事开始在社会上散布义和团将烧毁泉、厦两地的东本愿寺分教堂的谣言，想借社会上这股流言，火毁厦门的东本愿寺分教堂，并以此为借口，师出有名地攻占厦门。

18 日，"台湾总督府"把厦门东本愿寺分教堂的布教师高松誓叫回台湾，给予六百日元特别经费，并训令他服从厦门领事上野指挥，做好自焚厦门东本愿寺分教堂的前期准备。

这天，日本首相山县有朋发表《北清事变善后策》，提出将"北守南进"的战略方针作为日本的"国是"。

21 日，回厦的高松誓制造出与"房主索租相争"的假象，并"将该寺之器具等一切搬移他处"，做好自焚东本愿寺准备，企图嫁祸义和团，为发动战争寻找借口。

8 月 22 日，日本天皇"敕许"内阁攻占厦门。

第四节　白焚东本愿寺，日军强登厦鼓

至此，对攻占厦门，日本天皇、内阁与"台湾总督府"之间取得完全一致，且占领厦门的计划也准备得非常充分，唯一等待的就是日本中央政府的命令下达。

8月23日，陆军大臣桂太郎迅即奉诏向"台湾总督"儿玉发出"奉敕"训令："必须占领厦门港"。

从"奉敕"两字可知日本内阁攻占厦门的决定已获得天皇的敕许。不难想象，接到训令的儿玉，就像当年凯撒在卢比孔河岸边紧张发抖的样子。他立即编制了派遣和船运计划，同时，派遣岗泽陆军大尉、下平海军大尉到厦门协助。在日本国内，海军大臣指派海军上校广濑胜比古前往厦门，负责协调海军本部、"台湾总督"、日本驻厦门领事馆和侵厦日舰的工作。广濑胜比古前往厦门途中，奉命转道台湾，要求儿玉"督促尽快实行对厦门占领"。儿玉在明确内阁对厦门长期占领的想法和决心后，立即指派后藤新平与广濑海军上校一同前往厦门，为占领厦门后的统治做前期的准备工作。

23日上午，日本驻厦领事馆精心策划并指派日本浪人化装成"中国江湖艺人来到厦门日本东亚书院附近的空地上卖艺。此时，领事上野专一故意路过，有意认定江湖艺人为拳匪也"，至此，日本政府和"台湾总督府"苦心谋划、期待已久的火烧东本愿寺口实和出兵厦门借口终于出现了。上野秘密训令僧侣高松誓于当晚亲自焚烧已搬迁一空的东本愿寺。

24日凌晨零点30分，在日方战争令刚下达不过几个小时，位于厦门山仔顶街的日本大谷派东本愿寺布教所突然失火。火灾发生时，碰巧厦门道台陈延年"带兵查夜，巡至该处，当令扑灭，仅烧空房一间。询诸邻右，言此屋本日人向英国教民张姓租

赁，前数日因房主索租相争，搬往别处。屋内已空，只有管屋工人一名"。陈延年经过调查，"疑系自行焚毁泄愤"的一般纵火刑事案件，完全没有料到火灾背后隐藏着一个惊天的大阴谋。

被日本人自焚的东本愿寺（陈亚元供稿）

24 日凌晨 1 时 20 分，日本驻厦门领事馆副警部日吉又男收到住宿在厦门山仔顶街东本愿寺传教所内的片贝治四郎的急报，说现在一群暴徒正在火烧东本愿寺传教所，他从虎口逃生。凌晨 1 时 50 分，日吉又男向上野领事报告，并受上野指派前往日舰"高千穗"号传达命令；凌晨 2 时 20 分，日吉又男到达"高千穗"号舰，传达上野领事命令，停泊于厦门港内的军舰全部升火待命，舰长们必须在 10 分钟内到"和泉"号舰长室开会。随后，上野马上和"高千穗"号和"和泉"号的两个舰长商量，立即发表声明，称此事系中国义和团的"拳匪"所为，是针对日本的破坏行为，为"保护帝国臣民"，需要派兵登岸进行武装保护。凌晨 3 时 30 分，日军"和泉"号军舰抵近厦门口岸，派兵在仔口街波止场登陆。一名将校带领一分队水兵由日吉又男带路，经过木屐街、二十四崎顶街、走马路街三条大街，凌晨 4 时到达山仔顶街的东本愿寺教堂勘察烧毁情况。清晨 6 时，按"占领厦门计划书"的安排，调派事先停泊厦门港的"和泉"号舰上的海军陆战队一小队 35 人上岸保护在鼓浪屿的日本领事馆。与此同时，派出部分兵员潜入厦门进行侦察。

25 日，从"高千穗"号军舰调派海军陆战队一小队兵员登陆厦门岛，日军"小憩租界中，旋即取道入同安城"。日本海军陆战队的突然登陆，立即引起厦门地区人民一片恐慌。

26日，"高千穗"号舰长得知"提督准备派兵驻扎"东亚书院，保护在厦门东亚书院日本侨民这一消息后，马上以"新招募的清兵没有纪律，有可能肇事，由于害怕这种事情发生"为借口断然拒绝，抢先派遣两个小队进驻该院，将司令部设于院

厦门东亚书院（陈亚元供稿）

内。厦门东亚书院按计划变成了日本海军陆战队的司令部和陆军大部登陆的桥头堡。日军登陆厦门岛后，"沿街滋事，并扛大炮至虎头山安放"。

从表面上看，厦门日本东亚书院附近空地上卖艺与东本愿寺火灾，看似偶然的巧合，但实际上是蓄谋已久、精心安排的，目的就是为了制造借口向厦门出兵。日军由此强登了厦门岛和鼓浪屿，达成了日方独霸厦门阴谋的第一步。

第五节　日舰临厦港，欲独霸鹭岛

8月27日下午，按事先计划，"高千穗"号舰长与上野领事联名签署发出电文：

"为应付眼下的局势，请求'台湾总督'出兵。

一、目前守护炮台的兵力比较薄弱，两艘清朝兵船进入厦门港口，从清朝官兵要求保护日本侨民的陆战队一部分撤回等情形观察，显然呈与我日本帝国不合作敌对的态势。

二、对于此危险局势，现在的陆战队已经无力保护日本侨

民，请求台湾岛派遣兵力增援，并把保护我侨民告知各国领事馆。

三、请求'台湾总督'尽快使整顿完毕的陆军出发。

四、根据第一项的事实，要求清朝撤去守备炮台的士兵或者让出炮台，该提议由我方决定的时限内作出回答，如果没有答复，不遵照我们的提议，我们就应该以武力占领。

五、至于占领炮台的方法我们需要更进一步的研究。"

收到电报后，儿玉马上召集官兵宣读了事先准备好的训令，立即命令"陆军台湾守备旅第一旅团土屋少将于八月二十八日率队出兵厦门。其余各队则预订二十九日上午出发。"同时，将基隆港里的所有商船、邮船、汽船全部都作为军用船征用。

8月28日这一天，台湾、厦门、日本东京三个方面丝丝紧扣，东北亚风云变幻莫测，战云密布，扣人心弦。

28日上午9时，儿玉在基隆码头为出征厦门的部队举行了盛大的欢送仪式。儿玉将部分驻台守备军编组混成支队，命土屋春光统率各支队的步兵二中队，山炮、工兵各一个中队，搭乘"宫岛丸"号，当天从基隆出发。

8月28日上午，后藤在厦门的日本领事馆举行名为"鸠首协议"的紧急军事会议，与"和泉"号与"高千穗"号两舰长及上野领事商定详细的行动方案。

会议还决定，由旅团长土屋春光陆军少将、"高千穗"号舰长共同具名，30日深夜零点向厦门水师提督杨岐珍发出最后通牒。

下午1点会后，后藤立刻信心十足地就已决定事项向儿玉和"总督府"各发一份电文："已向舰长、领事转达训令。占领计划业已制定，等待陆军到达，预计三十一日拂晓开战，敬请放心。"此时，最后通牒尚未发出，杨提督的答复如何尚不得而知，但日军已铁定于31日拂晓开始进攻。"放心"一词更把后藤新平狂妄的心态表露无遗。

傍晚时分，运载陆军的"宫岛丸"号兵舰抵临厦门港，只等29 日大部队到达后就可按计划攻占厦门岛。

第六节　清借虎驱狼，日"南进"梦断厦岛

27 日，厦门道台陈延年闻讯日军登厦门岛后，当即向日本领事提出抗议，要求登陆的日军"迅即撤兵回船，以免有误大局"。他指出：种种迹象表明，是东本愿寺布教师自己焚毁布教所，并非所谓"暴徒"所为。陈延年同时请求各国驻厦门领事以及厦门海关税务司从中斡旋，要求日本领事"立即撤兵回船"，并一面致电"上海李傅相暨两湖总督张制军，上海道余观察调停"，一面致电闽浙总督许应骙、福州将军善联"请兵请饷以备不虞"。

许应骙获悉日军登陆厦门，"主张与日本交战"，命令福建水师提督杨歧珍调兵备战。杨歧珍一面准备调兵保护东亚书院，一面传令备战，并从泉州调来约 1000 人，从漳州调来约 600 人进驻厦门港要塞炮台，厦门港要塞炮台的所有大炮皆脱去炮衣，炮口分别直指停泊在鹭江的日本军舰、鼓浪屿领事馆和虎头山上的日军炮兵阵地；停泊在厦港的清军主力战舰"海琛"号和"海筹"号防护巡洋舰和"玄凯"号战舰等 3 艘军舰，也升火起锚，炮口直指"高千穗"号、"和泉"号 2 艘日舰，战争一触即发，形势危急。

但许应骙、陈延年的抗日主张，遭到受后藤新平蒙骗的亲日派"将军和布政使以及民间方面陈宝琛等人的反对"，张之洞也认为日本政府不是想侵占厦门，他一方面致电厦门道台陈延年万勿开衅，另一方面请英美德驻上海总领事转告其本国驻厦门领事设法调停，又会同两广总督李鸿章、两江总督刘坤一、闽浙总督许应骙和福州将军善联等人，电请我驻日公使向日本外务省提出

抗议。

日本和"台湾总督府"正在实施一场军事行动，准备武力占领厦门，而清朝和当地大部分官员完全相信后藤新平说辞，全然不知道"厦门事件"是经日本天皇"敕许"内阁、由儿玉和后藤新平一手策划的阴谋。正如丰岛捨松所指出的，"当地官员都相信，在厦门发生的骚乱是一件小事，没有人怀疑'台湾总督府'参与此事"。以上事实表明，后藤新平4个月前的福州、厦门之行，为推行帝国的南进政策铺路做工作，取得预期的效果。

然而，福建与厦门的官员为何敢在以日本为急先锋的八国联军攻占北京后的第十天、清政府还在逃亡的时候，就敢于在厦门与登陆的日军兵戎相见，这其实是有原因的。

清政府福建当局利用列强之间的矛盾，利用外交手段，做好了借虎驱狼的准备工作。早在7月14日就与英、美、德各列强签订了《福建互保协定》，协定明确规定各国不能单独出兵厦门，厦门的安全保护由厦门当局负责。因此，在各国列强共同行事的背景下，日本单独出兵侵略厦门，使它成为列强共同的敌人。英、美、德各国迅速展开外交和武力相逼的行动，积极支持清政府出兵对抗日军。

当时，列强正把主要精力放在如何处置清廷及瓜分战利品的讨价还价上，他们对日本突然在南方寻衅缺乏准备，"当事之初起时"，各国领事就担心日本占领厦门妨碍他们在华南的利益，以日本单独出兵登陆厦门，违反了英美列强的共同约定，纷纷出面干涉。在得知日本28日已从台湾派遣陆军乘军舰开往厦门，29日将再派大部队增援的消息后，英、美、德等列强立即强烈反对，但上野领事称"兵回船之事，当俟时局稍定"。见各国紧锣密鼓的外交斡旋没有明显作用，日军仍一意孤行。"为保全之策"，英、美、德各国纷纷"争先调舰增兵"厦门，决定以武力威逼日本退兵，计有"英舰三艘、德舰一艘、美舰一艘、俄舰一艘"。

列强的强力威压和事件即将演变为日本和英、美、德、俄等国武装冲突，国际事态发展对日本政府产生了强大的压力，特别是英、美还是日本重要的财政援助国，由此日本内部对出兵厦门问题发生了严重的分歧。

28日上午，当时在野元老伊藤博文得到"台湾总督府"派陆军出兵厦门的消息后，立即向外务大臣青木周藏提出警告："出兵厦门真是一件荒唐事，很可能遭到以英国为首的列强各国的干涉，届时政府有勇气与列强打一仗吗?"伊藤博文进而又忠告首相山县有朋，致使山县决定放弃占领厦门计划。

此时，日本驻福州领事丰岛捨松也紧急向青木报告说："美国、英国、法国与俄国领事对此也表示深不以为然。"

日本这个新兴的帝国主义小弟，在老牌帝国主义众多大哥挥舞的大棒面前，"因无实力于八国列强对抗，内阁不得不考虑是否中止派兵"。

首相山县有朋为此紧急召开内阁会议，"协商应对危机之策"。

会上，在讨论"独占厦门的计划是否可能实现，既然出兵厦门的阴谋已经外泄，是否中止派兵"时，陆军大臣桂太郎与海军大臣山本激烈争吵，相互指责，推诿责任。

28日中午，内阁以"避免引起国际事件，决定终止出兵占领厦门计划"。因情况紧急，时间紧迫，为避免引起国际事件，决定终止出兵厦门的事项未及上报"天皇同意"便紧急执行了。

午后会议一结束，海军大臣、外务大臣分别向"高千穗"号舰长武井、领事上野发出电报，训令他们撤回在厦门东亚书院的海军陆战队，转移至日本领事馆;陆军大臣和海军大臣联名紧急向"高千穗"号舰长发出训令，停止占领炮台并向陆军转达撤军命令。

傍晚时分，上野接到海军大臣和外务大臣会后联名训令后，立刻向后藤新平通报。突然接到从东亚书院撤退训令，让后藤新平震惊不已，这位从千里之外，跋山涉海，特意从台湾赶到厦门准备现场指挥的"台湾总督府"之"民政长官"哀叹不已，为保住陆军登陆的桥头堡，立即回电"请求同意取消撤回驻扎东亚书院的决定"。

与此同时，上野也收到陆军大臣训令，要他向刚抵达厦门港的陆军转达中止攻占厦门的行动，"返台待命"。上野马上派人将电报送给土屋旅团长。土屋接过电报时，顿时目瞪口呆。身处东亚局势动乱漩涡中心点，只消一伸手就能掌握大局的土屋旅团长，接到这意想不到的停止命令，不用说有多么不甘心。晚 7 时许，土屋赶到领事馆，向儿玉发电，恳求不要错过占领厦门的机会。

晚 10 时 15 分，见厦门港的日本陆军迟迟不愿接受日本大本营的撤退训令，陆军大臣只好从东京给"台湾总督"儿玉发来"第九号密令"，让他下令撤军。当儿玉源太郎接到陆军大臣桂太郎发来的关于中止在厦门军事行动的电报时，"目瞪口呆，惝恍沮丧"，是啊，早上刚刚在基隆码头给军队送行，晚上就接到撤兵的电报，是任谁都想不到的事情吧！作为占领厦门计划领导者的儿玉，悲愤万分，但又无可奈何，晚 10 时 20 分，儿玉咬牙下令："电告部队推迟上岸，返回澎湖岛待命。"根据命令，到达厦门的日本陆军，又从厦门港口外折转驶向澎湖岛。

29 日上午，为防止后藤新平以其他借口阻挠撤兵，保证撤军的命令得于顺利执行，海军大臣再次训令"高千穗"号舰长"将该岛陆战队撤回之事，只与厦门领事协商"。

29 日，见日本陆战队没有撤军，英国驻日公使奉命照会日本政府，质疑日本"在厦门拟采取行动的性质以及该行动的宗旨"，表明英国正式予以干涉态度。同一天，英国"伊西斯"号巡洋舰从香港赶到厦门。

30 日凌晨，见驻东亚书院的海军陆战队还没有执行撤回军舰的命令，外务大臣专门给后藤发来电报，严词训令他必须立即让驻东亚书院的部队撤离。凌晨 3 时，东亚书院的部队全部撤离。

30 日上午，英国领事在厦门各地贴出告示，公开指责日本派兵上岸导致厦门地区人心惶惶，表示"午后让该舰上的六十名英国水兵登陆厦门英国租界"。美国领事也表示"必须让该国陆战队上岸"等。此时，德舰进入厦门港，美、俄的军舰都向着厦门急速驶来，将在当天和第二天先后进港。

31 日美国"卡斯蒂勒"号舰进入厦门港。

31 日，儿玉和后藤在软硬兼施逼迫内阁重新开战不成功后，命令日军将架在虎头山的大炮搬运回军舰。

9 月 1 日，英美两国各派 1 艘军舰齐集厦门港。此时，厦门港口内停满军舰，有清军的主力舰"海琛"号巡洋舰、"海筹"号巡洋舰和"玄凯"号军舰；有英国"伊西思"号巡洋舰等 3 艘军舰和美国"卡斯蒂勒"号军舰以及德、法、俄各 1 艘军舰等；有日本的"高千穗"号、"和泉"号、"筑紫"号、"宫岛丸"号、"高雄"号、"宫古"号、"台南丸"号和"明石丸"号等 8 艘军舰。总共 18 艘战舰。

英国领事向日本副领事芳泽谦吉摊牌："倘若日军全部撤离厦门，英军也将撤回。"各国也都认为东本愿寺被烧毁是日本故意的行为，当地并无暴徒蜂起的事实，因此用武力逼迫日本退兵。日本政府见各国军舰云集厦门港，赶紧对各国政府声明："此行动除为保护领事馆及侨民外，别无他意"。

2 日，日本海军大臣为此再次严厉电训"高千穗"号舰长："不问事情如何，厦门岛之陆战队必须撤退，但在领事馆的陆战队，在贵官尚不能确认厦门市已安全、同时我侨民及外国人等确已无危险之情况时，不在撤退之限。"

"海琛"号

"海筹"号

　　3日，由英国领事牵头，召集"英、美、日三国海军指挥官及外务官宪，中国方面厦门官宪在领事馆开会，会上中国方面对厦门的安全作出了明确保证后，英国舰长说'如日本陆战队全部撤退，英国陆战队也撤退'"。对此，"高千穗"号舰长狡辩说"尚不能确认厦门市已安全，侨民及外国人等已无危险，因此日本陆战队不能撤离"。各国对日本托词均表示反对，会上未达成撤军协议。见日本不愿撤军，美国领事马上警告芳泽谦吉："如果日本占领厦门，将以本国政府的名义提出抗议，英国也表示赞同。"表明美英将联手武力干预日本占领厦门。

见事态严重，会后"高千穗"号舰长立即将开会的情况向海军大臣报告，对此，海军大臣马上复电："如中国方面诚实保证厦门市的安全，我领事馆内之兵亦可撤退。但于我撤兵之同时，英国亦必须按英国舰长宣言实行。"收到命令后，"高千穗"舰长立即将"进驻厦门日本领事馆内的水兵全部撤回日舰"。英国海军陆战队也随即撤回军舰。中国方面随即在市区各地配置官兵，并派兵保护各国领事馆。

至此，日本政府精心策划"厦门占领计划"的"厦门事件"，最终在中外各种势力联手的威压下，以完全失败告终。就这样，日本"南进"的第三个目标终于梦断厦门岛。

第七节 "厦门事件"的影响

一、催生了鼓浪屿万国地（租）界

"厦门事件"事件后，美国领事巴詹声向闽浙总督许应骙提议将"鼓浪屿划作公共地界，既可杜绝日本独占的野心，又可以兼护厦门，一举两得"。清政府此时正为日本企图武装占领厦鼓一事大伤脑筋，认为这是抵制日本人强占厦鼓的良策，特别对"兼护厦门"尤有兴趣，于是欣然同意，随即指派省洋务委员、兴泉永道与美国领事协商办理此事。后因美国领事巴

美国领事巴詹声

詹声因任满回国，此事由日本领事兼领事领袖上野专一、英国领事满思礼接办。

1901年10月14日，中外双方就鼓浪屿应称为"公地"或"租界"的问题发生了争执。中方强调为"公地"，"公共地界"应包括中国人和外国人在内，中国是东道主，不应该被排除在外而不过问岛上的事务；以英国领事为首的各国领事认为应称为"租界"，并强调鼓浪屿一旦作为外国的租界，中国政府就无权干涉岛上的事务。由于"租界"与"公地"不是单纯的名称之争，而是关系到国家主权问题，因此最后决定专电请示清廷。

弱国无外交，清廷复电竟然是"鼓浪屿或作公地，或作租界，均无不可，唯必须加入'兼护厦门'"，并明确告知"如无此节"，"租界"一事"即作罢论"。但各国领事认为"兼护厦门"需动用军队舰船等，他们无此权限，必须经请示驻京公使团后才能决定。

1902年1月10日，在驻京公使团尚未决定、中外分歧没有解决的情况下，清政府代表在日本领事馆与各国领事举行"土地章程草案"签字仪式。中方拿出中文版的《厦门鼓浪屿公共地界章程》，外方拿出英文版的《厦门鼓浪屿租界土地章程》，双方代表正式签押。1902年11月21日，清帝朱批"依议"，《厦门鼓浪屿公共地界章程》正式生效。

1903年5月1日，面积约2250亩的鼓浪屿全岛正式由外国人控制的公地工部局进行行政管理，开始实行租界统治。

鼓浪屿公共地界是甲午战争后清政府唯一主动开辟的地界，清政府也是按"公共地界"审批的，本来可以保有当地的行政管理权。但清政府官员在谈判桌上的贸然让步，以致在这一公共地界内的"东道主"中国仅仅保留了极其有限的司法权和行政权，使该岛名为公共地界，实际成了公共租界。

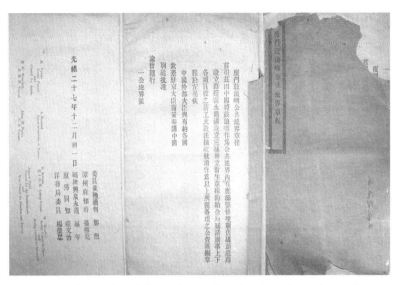

《厦门鼓浪屿公共地界章程》封面、第一页和最后页（洪卜仁供稿）

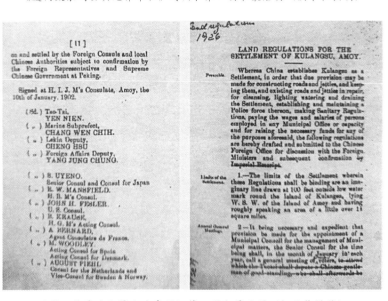

《厦门鼓浪屿租界土地章程》第一页和最后页（何丙仲供稿）

二、日本对厦门从"战略"转为"经略"

"厦门占领计划"的失败，使日本政府和"台湾总督府"的对岸经营政策，再次从"军事侵略"转移到以"经济侵略"为主的经营上。儿玉在《厦门事件的始末及对岸将来的政策》一书提出了厦门今后要经营重点，即厦门专属居留地、东亚书院、医院、航路、大小船坞、沙坡头等，明确经营好这七项主要工作，就"能够得到与占领厦门同样的效果"。总之是要"将其攫为己有，才是实际利益的所在"。

三、改变了东北亚的战略格局

就世界形势而言，日本将"大陆政策"的战略重点从中国华南和东南亚转移到中国东北和俄国远东地区。

四、改变了日本的国策，导致山县有朋内阁倒台

日本军事占领厦门的挫败，导致日本将"北守南进"的国策改为"北进南守"，侵华战争线路变为从北向南；同时，也导致山县有朋内阁倒台，使"厦门事件"在日本内阁的责任上有了结果。

第七章　天南锁钥，播荡烟尘

第一节　首战沉日舰，力挫敌寇焰

一、厦门抗日保卫战的历史背景

随着形势的发展，厦门港要塞的地位日显重要，1925 年 6 月设海军闽厦警备司令部；1927 年 12 月设漳厦海军警备司令部，林国赓任司令。厦门港要塞成立后，筹备国防，加紧建设，经过数次调整部署，厦门港要塞将八大炮台调整为四大炮台，即厦门"胡里山、磐石、白石头炮台；漳州龙海的屿仔尾等 4 座炮台"，增加了"青屿鱼雷台一座"。安装 35 生鱼雷发射管两具，在"胡里山附近置探照灯二部"。

厦门岛及周围地势图

115

厦门要港司令部　　　　　　　厦门要港司令林国赓

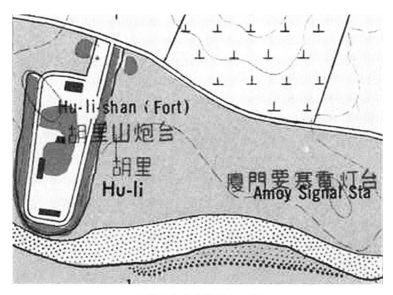

胡里山炮台置探照灯二部

　　卢沟桥事变前日寇就处心积虑地图谋侵占厦门港，不断进行军事侵略活动。日军进攻厦门的目的有三：一是夺取厦门良港，作为他们在中国东南海域的一个战略支点和海军基地，以便与台湾、澎湖、马公岛等岛屿相接呼应，控制整个台湾海峡，维护保障其海上交通线的安全；二是牵制中国军队，为徐州会战和武汉会战创造有利条件，三是作为进攻香港、广州的桥头堡，以完成日军大本营切断中国沿海海上供应线的"阻断"战略任务。因此，对于厦门港，日军是志在必得的。

因此，早在1933年前，日本海军早已派舰船完成绘制精细的厦门港图、厦门港内港图、漳州九龙江口图、泉州晋江围头湾图、福州闽江口航道图、福州闽江附近图、南澎列岛图、乌蚯屿至东引岛图等一系列"实形"等深线军事地图。

1935年2月5日，日本海军中将、第三舰队司令白武源吉、第28驱逐舰队少将司令下村正助，率领"龙田"号巡洋舰、"夕风"号驱逐舰等9艘军舰，窜入厦门港内停泊4天。事隔一月后，马公港的日军要塞司令大野中将又率舰队来厦门。

1936年2月3日，驻台湾的日军参谋长获洲少将、马公要塞司令河田少将、日本第5水雷舰队司令细萱少将等相继来厦"访问"，日本第13驱逐舰队"箬竹"号等两艘军舰由汕头窜入厦门，"朝颜"号、"芙蓉"号、"刘萱"号、"早苗"号等日舰也不断巡弋于闽南、粤东沿海。

1936年8月5日，日寇公然集结包括航空母舰在内的各类型军舰76艘、2.8万多名官兵，千里迢迢从日本佐世保军港越洋驶到厦门港口耀武扬威地进行大规模会操示威。当时，厦门的港内与港外，"已是一杆杆烟筒，一只只海鸭，洋洋大观"。遗憾的是，贯彻蒋介石"攘外必先安内"政策的国民党当局，对此挑衅却视若无睹，甚至还干出许多开门揖盗的蠢事，由此可见，抗战前夕中国有海无防到了何种地步。

日本侵华的狼子野心，让厦门有识之士备感忧虑，《申报周刊》不禁大声责问："日舰在厦门附近作大规模的演习，且不啻视厦门为自己的肉脔。"《江声报》《厦门大报》等报刊上，相继发表文章，呼吁当局和人民警觉。《江声报》在《日舰会操》一

上海"申报"讽刺日舰会操的漫画（洪卜
仁供稿）

来厦会操的日战斗舰
"青叶"号

来厦会操的日本潜水舰队

文中笔锋犀利地问道："什么时候我们到日本海会操，让他们来
招待，欢迎他们参观？"在《日舰南来会操》一文中更是一针见
血地指出："日本早就赏识咱们省了，不过，是国际形势急速的
爬升尖峰以来，它更视咱们省是与对岸有唇齿相关的密切，因此
对我们也特别关心起来吧。"并大声疾呼"不因此灰心，应该因
此更提起奋发的精神，努力图强"。

强盗"舞剑"，意在华南。主人开门揖盗，以礼相待，堪称
天下奇观。对日舰任意出入"省厦海港"，制造事端，国民党当
局非但没有提出严重抗议及反抗，居然还主动开放领海，为了配

合日本舰队海上会操，当时的厦门市政府奉省政府的训令发出通知——这就是"热情"的主人还在帮助怀有觊觎之心的海盗在自家门口划定供其舞枪弄刀的场所，从诏安、云霄、东山、漳浦、沿金厦到秀涂、涵江、福州、三都澳、象山港，包括福建整个海岸线，浙江南部的沿海一带，都在日本海军划定的演习区域内。

更有甚者，停泊厦门港内的"逸仙"号中国军舰，还于5日晨奉命出港鸣礼炮17响表示欢迎。厦门市政府李时霖市长、海军厦港要塞司令林国赓与部分绅

中国军舰"逸仙"号，第一舰队旗舰

商等赴日本驻厦门领事馆，和日本驻厦门领事一起登上"长门"号旗舰，拜访联合舰队司令高桥三吉及各舰司令官，晚上，在南普陀寺设宴招待高桥司令官等，以尽地主"友邦亲善"之谊。

会操之后，"日本的'秋风'号等4艘驱逐舰，则在厦门与汕头之间往返游弋，窥探我闽粤防务，随时准备进袭厦门"。

1936年12月到1937年1月间，又有日本第4舰队"秋风"号等4艘驱逐舰，第5水雷舰队司令官江户兵大郎，日本驻福州领事馆海军武官须贺，驻广州的日本领事中村等，先后乘军舰来厦门"访问"。

1937年卢沟桥事变发生，抗战全面爆发。

日本海军采取"封疆作战"的战略，实施"在中国整个沿海地区切断了中国船舶交通"的"切断海上交通"作战计划，目的是"为了断绝其培养抗战力的源泉，阻止来自海外的进口武器、军需品等进入中国"。

7月9日晨，担任华南方面警备的第5水雷战队司令官大熊政吉少将指挥该部，从马公出发，下午到达，"警备厦门"。视厦

门为己港，肆无忌惮地进出港口，围、追、捕、扣中国商船。

8月13日，日本内阁决定派兵进攻上海。为切断中外对上海的支援，同日，10多艘日本军舰环集在厦门海域，对厦门港进行封锁。

1937年日炮舰在厦口海域执行封锁作战

8月25日，日本政府又制订出新的对策，将平时的"切断海上交通"作战，演变为战争状态的"封锁作战"。

此时，正值淞沪会战最激烈的时候，日本外务相和舰队司令长谷川清随即于8月25日发表联合声明，宣布自当日下午6时起封锁中国中部从吴淞口至汕头一带海域。在此禁区内，不准中国国籍船舶航行。声明发布后，就有10多艘日舰在福建海域巡弋，其中两艘停泊在厦门港外，在"图断厦交通运输"之后，日军准备攻占厦门，建立海空军基地和南北交通的枢纽站。

二、积极备战，远攻近守

为应对日军侵略福建厦门的阴谋，中华民国海军部重新测绘福建沿海军事海图，民国二十三年（1934年）绘制了"福建省·闽江，福州口岸、金牌门至马尾"的水道图，民国二十四年（1935年）绘制了以闽江航道为主的"闽江航道图"，

"厦门湾图"，民国二十六年（1937年）绘制（杨帆供稿）

"福建省·闽江，南港、马尾至歧阳的闽江图"，1937年绘制了"从厦门市的马巷、厦门岛、集美、海沧，至漳州海澄的九龙江口，屿仔尾炮台；至青屿、金门"海域的"厦门湾图"和包括"泉州湾及附近岛屿"的"泉州港图"。这些军事海图，远不如1933年日军测绘的等深线军事海图详实，特

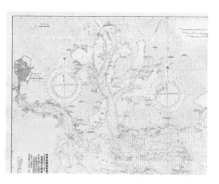

"泉州港图"，民国二十六年（1937年）中华民国海军部绘制（杨帆供稿）

别是1937年厦门湾军事海图，在日本海军大兵压境下，测绘得更是简单。

民国二十六年（1937年）屿仔尾炮台

此时，守卫厦门部队只有五大炮台的守军和为数不多的海军陆战队。为坚定我军备战御侮、共赴国难的决心，1936年11月5日，厦门海军要塞司令林国赓亲临胡里山、屿仔尾、白石头、磐石炮台，亲自为守备官兵颁发"共赴国难"纪念章，鼓舞志气，激励斗志。要塞各炮台官兵也积极备战，誓死保国。

"共赴国难" 纪念章

民国二十六年（1937年）8月磐石炮台守军训练21生克式大炮

　　见厦门情况危急以及国民党当局的隐忍退
让，东南亚各地的福建华侨函电交驰，强烈要
求国民党当局加强厦门的防卫。1937年8月国
民党当局电令驻守广东的陆军157师黄涛部进
驻厦门，受到厦门各界人士的热烈欢迎。

157师师长黄涛

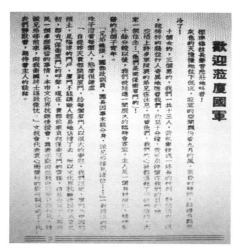

《欢迎莅厦国军》，引自厦门《星光日报》
记者赵家欣抗战特写集《今日的厦门》

9月1日，厦门警备司令部成立，由黄涛兼任司令，积极
备战。

首先是申请备战资金六七十万元，勒令日本人办的《全闽新
日报》停刊；其次是构筑防御工事；
第三是组织和训练禾山地区壮丁；
第四是整编了保安警察部队；第五
是大张旗鼓地逮捕和枪毙了一批汉
奸，维护稳定了社会秩序。

作为职业军人，黄涛深知火炮
在打击敌舰和反登陆作战中的重要
性，为更好打击日本侵略者，黄涛
采取了"远攻近守"相结合的战略
战术，积极构筑防御工事。

厦门沿海岸的防御工事自胡里
山起，一直向东延伸至五通、霞边、

拆漳厦铁路的铁轨筑厦门防御
工事

香山等海滨要隘，绵延 7.5 公里，沿海一带共筑有半永久性的钢筋水泥轻重机枪掩体 100 多个，炮兵阵地 2 个（霞边和香山）。另外，还筑有上千米的坚固的散兵壕，以便于近距离阻击日本海军陆战队的进攻。

黄涛将胡里山炮台的 2 门 120 毫米口径的克虏伯副炮拆移到霞边和香山两个新建的炮台，还从漳州调 6 门射程达 9000 米的新式克虏伯速射炮，架设在厦门岛的最高点——海拔 300 米高的云顶岩山上。另外，在厦门市鼓浪屿升旗山设一炮兵阵地，升旗山标高约 300 米，可俯瞰全市，扼守厦门港区，地势重要。黄涛将师部炮兵连 4 门德国克虏伯兵工厂制造、射程达 8000 米以上、口径 75 毫米的榴弹炮，从漳州调来厦门，安放升旗山顶构筑炮兵阵地，以扼守厦门内港区。

黄涛为加强炮兵火力，除新建炮兵阵地外，还抓紧着力修复加固白石头、磐石、屿仔尾、胡里山四大炮台和克虏伯大炮，这些大炮最大射程近 20000 米，最近可达 8000 米以上，共有炮弹 500 多发，均可使用。这样，就能充分发挥克虏伯海岸炮能远距离重创日本军舰的优势。通过筹划和构筑，厦门港形成内外两道防线，火炮布置不但形成上下左右犄角，互相因应，还能填补白石炮台、屿仔尾炮台、磐石炮台、胡里山炮台和燕尾山炮台等战时填弹的时间空隙，构成强大的火力网，有效地阻击从各个方向驶来的敌舰。

三、欲盖弥彰，狼子野心

1937 年 8 月 6 日晚，战争即将全面爆发。日本驻厦门代理总领事决定紧急撤离厦门的日本侨民 8000 多人，但拟订撤退计划，请示撤离时间，等待命令需要准备和时间，一时难以办到，为掩盖日军侵略厦门的阴谋，便一再制造假象。驻福州、厦门日本领事向各国领事一再声明："省厦日侨并无撤退准备，各国侨民可安心营业，不必张皇。"

1937 年 8 月 16 日，日本海军第 5 水雷战队司令官大熊通过高桥代理总领事，要求厦门李怡霖市长采取万全之策，维持治安，要求确保在厦门、鼓浪屿的日本侨民安全，得到了市长李怡霖的承诺。

由于日本侨民的大量撤离会使日军侵略厦门的阴谋更加显露，于是，20 日，日本军方向高桥代理总领事提出厦门日本侨民不宜"撤离过早"的强硬建议，遭到高桥代理总领事拒绝。21日，大熊司令官向厦门要港林国赓司令提出"在我侨民撤离期间，希尽力维持市内治安"的要求，得到林司令的保证。25 日，日本海军司令部致电第 3 舰队督促称："撤离华南侨民，与对华南方面的轰炸及对敌封锁等作战实施有密切关系。因此，希按预定尽快完成。"

8 月 28 日，日本在厦门鼓浪屿最后一批侨民乘"长沙丸"号撤离厦门前往台湾高雄。随船撤走的日本驻厦领事高桥茂在临行前，还致电厦门市市长李时霖，进行辞别，虚情假意

掩护日侨撤退的旗舰"夕张"号

地说："此次返国，仍望不久之将来，再行到厦畅叙，共事中日两国之和睦邦交。"

话音未落，日本侵略者即露出了狰狞面目。在日本侨民全部撤离厦门以后，日本海军舰队按"大海令第 27 号"，开始向中国东南沿海的军队及其军事设施发动袭击。

四、反间妙计，成全大局

为了攻占厦门，日军做出了周密的部署，并不惜采用卑鄙的离间计。日本海军军情部的情报人员借 8 月 16 日厦门要塞海军司令林国赓和大熊司令官会面之机，散布林国赓"通敌"的谣言，"离间"厦门海军与陆军之间的关系，妄图造成厦门守军内乱。厦门守军司令黄涛将计就计，演绎了一场具有战略意义的离间计和反间计妙剧。

8 月 27 日上午 8 时，黄涛以开会为由将前来开会的林国赓司令扣押在第 941 团团部，并将其手下两个营 700 多名海军陆战队队员抓捕起来，羁押在胡里山炮台的兵营内。当日的《江声报》刊载新闻称"被扣原因谓有勾结敌人，蓄意叛国，组织傀儡政府嫌疑罪名，加重一等"。

8 月 28 日上午 8 时，第 941 团少校副团长陈玉琳面见林国赓，"出示黄师长军略，云查海军陆战队非林司令国赓直辖，本人为表示宽谅起见，特准许释放，毋庸扣留"等语，随后，林国赓于上午 8 时半离开团部，复获自由，但当日《江声报》仍刊称"国赓过去一切受惑经到团部自行悟过"等语。林国赓不服，9 月 1 日同样在《江声报》刊载"林国赓启事"。

启事登出后，为防止日军由此对该计划产生怀疑，9 月 2 日黄涛派人将林国赓"押往"福州。当晚，黄涛秘密潜入胡里山炮台兵营慰问被关押的士兵，希望大家以国家大事为重，并告知全体官兵，林国赓司令被调至省军务处任处长，要求全体海军陆战队士兵秘密返回原来兵营，准备战斗。奇计生效了，自信离间计得逞的日军认为时机难得，

林国赓启事

当即把舰队从上海调往厦门，并在9月3日对厦门发起突然进攻，从而使上海战区中国守军的压力得以缓解。因此，厦门要塞保卫战不仅关系到闽厦抗战，而且还影响到华东战局。

五、"九·三"炮战，倭舰沉遁

日本舰队长谷川清自以为他的"离间计"已得逞，可以有效瓦解厦门要塞炮台守军的斗志，决定趁增援厦门的第157师尚未来得及部署之时，提前发起攻击。

1937年9月3日凌晨4时3分，天刚破晓，在载有16架轻型轰炸机的轻型航母"神威"号的掩护下，日本舰队命令大熊司令官第5水雷战队的战略巡洋舰、排水量29300

"神威"号轻型航母

吨、时速22节、配有12门355毫米舰炮的"扶桑"号，轻型驱逐舰"羽风"号、"刈萱"号，排水量830吨、时速31节、装备3门120毫米舰炮和5个533毫米鱼雷发射管的"箸竹"型13号

入侵厦门的箸竹型13号驱逐舰

1937.9.3日三艘驱逐舰和一艘补给舰入侵厦门，向白石、胡里山开炮（河村摄影，胡汉辉供稿）

驱逐舰和补给舰等军舰在空军12架飞机掩护下，从金门岛的料罗湾起航，穿过大担岛、二担岛，突然"驶到大担灯塔前，列成

阵势，首先向白石头及曾厝垵海军机场发炮轰击，同时也猛攻胡里山炮台"，并向青屿鱼雷发射站及各炮台开炮。我海军驻厦各机关、要港司令部、海军航空处及曾厝垵机场、海军医院、无线电台、造船所等均被炸毁，东沙岛观象台被日军占领。

遭日机轰炸的海军航空处曾厝垵机场

　　上午 6 时许，3 艘敌舰驶抵厦门港口外，窥视我厦门要塞炮台情况，我要塞炮台在总台长兼胡里山炮台台长张云龙的指挥下，沉着应战，采用关门打狗的战术，将敌放进来。见我白石头、胡里山炮台没有动静，以为日机轰炸取得效果，敌舰便边开炮边向胡里山炮台冲过来，并派海军陆战队乘小艇向白石头与胡里山炮台之间的沙滩登陆，扑向要

海军医院

海军无线电台

塞后背，拟水陆夹击。面对敌人的疯狂进攻，我要塞炮台静默无声，待日舰驶过白石头炮台、进入胡里山炮台东、西炮台 2 门大炮口径为 280 毫米口径的海岸炮有效射程内，早已严阵以待的胡里山炮台官兵沉着应战，在敌舰距离炮台 9000 米时，炮兵定位

在坚固的壁垒之内，炮长朱锡卿镇定地测算距离，上等兵李玉生等随敌舰转动炮身，调整炮口仰角定向定位敌舰，二等炮兵余得官、林海旺迅速装上穿甲爆破弹，随着炮长朱锡卿的一声令下，拉绳击发。一声震耳欲聋的巨响，克虏伯大炮重达 170 公斤的炮弹怒吼着，像脱了弦的利箭，准确拦腰击中日军"箬竹"型 13 号驱逐舰，其主炮和鱼雷发射器全部被摧毁，敌舰水兵当场死伤 21 人。遭到重创的敌舰浓烟滚滚。

《大炮声响了》，引自厦门《星光日报》记者赵家欣抗战特写集《今日的厦门》

　　屿仔尾炮台距敌舰 5.74 海里，即 10630 米，其 1 门 170 毫米口径的克虏伯大炮最远射程 15820 米、有效射程为 6060 米，几乎不可能射中敌舰，但它和装有口径 280 毫米克虏伯大炮的胡里山炮台以及安装了 1 门 170 毫米口径克虏伯大炮的白石头炮台隔海相望，3 个炮台的大炮角度奇正互用，形成一个铁三角，从厦门水道的南、北两侧开炮，有效地阻遏敌舰向厦门港口逼近；特别是在主台官何荣冠的指挥下，开炮猛烈轰击，致敌舰首尾难顾，一时间弹片横飞，硝烟弥漫，有力地支援了正面战场——厦门要塞的保卫战。

　　在胡里山炮台 2 尊 280 毫米口径主炮、白石头和屿仔尾炮台 2 尊 170 毫米口径大炮前后夹击下，日舰首尾不能兼顾，进退不得。前进，前方有距海平面高度 3—4 米，可以水平射击的盘石炮台 2 尊 210 毫米口径、射程最远 17500 米、有效射程 10000 米的克虏伯大炮严阵以待；鼓浪屿升旗山 4 门口径 75 毫米、射程

8000 米的榴弹炮和燕尾山炮台 4 尊新式大炮，虽因距离较远，没能参加对敌舰的第一波攻击，但它们警惕地高昂着炮口，随时准备迎头痛击漏网窜入厦门港内的日舰；而后面则有胡里山炮台两尊大炮追击。后退，向南转弯迎头正面对着屿仔尾炮台 1 尊 170 毫米口径克虏伯大炮，后面有胡里山炮台和白石头炮台 3 尊大炮随时轰击。

而此时，云顶岩克虏伯速射炮阵地居高临下，有效射程 7000 米，准确的快速射击，有效地配合 2 个护台营，打得日本侵略者的海军陆战队冲锋艇不敢冲滩靠岸。青屿鱼雷站也发射鱼雷，致敌舰队水上水下穷于应付，狼狈不堪。

因我军要塞炮台炮火猛烈，敌舰的火力不能压倒要塞炮台，一时又无法掉头撤退，只能慌忙避开前方的磐石炮台和升旗山炮台，借着海上飘起的薄雾掩护，向厦门航道的西南方向鼠窜，快速"驶赴鼓浪屿公共租界"后的"港仔后"海面停泊，借鼓浪屿"以为掩护"，对军舰进行抢修。

上午 9 时，"嗣我炮击稍疏，敌驱逐舰又冲进"我要塞炮台阵地。敌舰刚从鼓浪屿后的海面驶出，磐石炮台 2 尊口径 210 毫米的克虏伯大炮，胡里山炮台的东、西炮台 2 门口径为 280 毫米的海岸炮一齐发出怒吼。由于 4 尊克虏伯大炮属巨型海岸炮，射速快（每分钟可以发射两发炮弹）、射程远、威力巨大，而日舰船火炮的口径小、射程近，火力又不能射及炮台，因而舰队掉头避开厦门港航道北岸有磐石炮台、胡里山炮台、白石头炮台的航线，选择厦门港航道南岸只有 1 尊大炮的屿仔尾炮台方向往金门海域回窜。

当敌舰驶入屿仔尾炮台 170 毫米口径克虏伯大炮有效射程内时，驻守屿仔尾炮台的守军"在主台官何荣冠指挥之下，首先发炮迎击，竟一弹即奏肤功，敌舰猝不及防"，被胡里山炮台击伤而行动迟缓"箬竹"型 13 号驱逐舰再次被击中右舷。大熊司令官在旗舰"夕张"号上见状大惊，恼羞成怒，马上命令舰队对屿仔尾炮台疯狂报复。舰队"乃转舵以排炮密集向屿仔尾炮台攻击，一时爆破弹弹片横飞，硫黄与火药气味冲天"，但炮台官兵仍奋不顾身地英勇还击。

双方激战半小时，再次遭到毁灭性重创的"箬竹"13号驱逐舰右舷大量进水，开始倾斜，"羽风"等二舰见此情形，赶紧左右两侧护着"箬竹"13号军舰仓皇掉头驶离厦门港海域。

夹带"箬竹"号撤退的"羽风"号

胡里山炮台乘胜追击，再次发炮，击伤日本"羽风"型4号军舰。白石头炮台和龙海的屿仔尾炮台也急发炮追击，惜乎炮型较小，射程不远，均未命中。

见情况危急，青屿山后的日军轻型航母舰，载水上飞机4架，立即起飞3架，向胡里山炮台、白石头炮台及曾厝垵飞机场分头俯冲投弹，以掩护敌舰撤退。

上午10时左右，日本舰队开始撤离，下午3时左右，"箬竹"型13号驱逐舰行驶至青屿海域长礁尾灯塔（俗称"对开灯塔"）附近时因军舰严重倾斜，不能继续航行回

厦门港内航道上的长礁尾灯塔（对开灯塔）

马公港。而青屿和浯屿没有能停靠大型军舰的码头，附近只有水深10米左右的深沃湾沙滩适合军舰冲滩。因此，"箬竹"型13号

驱逐舰只能在"羽风"型4号军舰的护送下，冒险驶向有中国保安队据守的漳州龙海港尾镇岛美村和深沃村交界处的深沃湾沙滩冲滩自救，在"箸竹"型13号驱逐舰冲滩时，由于伤势过重，在离深沃湾沙滩300米处的海面上，慢慢葬身于大海中，其桅杆上的日本旗和驾驶室等露出海面，舰上的日军全部逃往"羽风"型4号军舰。此时，赶到深沃湾的岛美保安大队开枪阻击，至4时许，厦门港海域内敌舰全部遁逃。

厦门要塞抗日保卫战取得重大胜利。

胡里山炮台击伤日舰，特别是屿仔尾炮台击沉日舰的辉煌战果，极大地振奋了厦门前线军民，在敌机去后，即有厦门市各界慰劳团，由《星光日报》记者赵家欣先生，率领男女团员携带大批慰劳品（各种罐头，饼干，水果，药品），乘专艇遥临漳州市龙海县的屿仔尾炮台慰问全体官兵。屿仔炮台文职文员郑寄云代表全体官兵在惭愧中接受并致谢。屿仔尾炮台除高级长官莅台慰问并视察外，还有许多热心同胞远道前来慰问，给予了前线官兵莫大的光荣和鼓舞。

《胡里山劳军记》，引自厦门《星光日报》记者赵家欣抗战特写集《今日的厦门》

厦门要塞击伤、击沉日舰的辉煌战果，全国人民和东南亚的华侨欢欣鼓舞，10多家媒体争相报道。

（1）1937年9月4日，福建省国民党党部和省抗敌会致电黄涛祝捷。《福建民报》用"本省光荣抗战揭幕"为大标题，以"昨敌舰敌机四度犯厦

《屿仔尾劳军记》，引自厦门《星光日报》记者赵家欣抗战特写集《今日的厦门》

未逞——我防务巩固
再犯必惨败　省抗敌会
省党部电黄涛祝捷"，
报道此事。

（2）1937 年 9 月 4
日，《国华报》以"敌
舰开炮轰我厦门——我
军应战，敌舰被击毁一
艘"做了报道。

（3）1937 年 9 月 4
日，《新闻报》以"敌

《福建民报》"本省光荣抗战揭幕"，1937 年
9 月 4 日

舰炮攻厦门——被我守军奋勇击退，敌机轰炸亦被击退"做了
报道。

（4）1937 年 9 月 5 日香港的《南华日报》以"敌军袭击厦门
——我军炮台还击敌舰一沉一伤"报道此事。

（5）1937 年 9 月 5
日，《大公报》以"敌
舰袭击厦门——并有大
队飞机投弹被我守军击
退"为标题，报道此事。

（6）1937 年 9 月 5
日，《华宇晚报》以
"昨日厦门之战我军击
沉敌舰——黄涛就厦门

《大公报》"敌舰袭厦门——并有大队飞机投
弹被我守军击退"，1937 年 9 月 5 日

警备司令"为标题，报道此事。

（7）1937 年 9 月 6 日，香港英文报刊《中国邮报》报道
此事。

（8）1937 年 9 月 6 日，厦门《星光日报》记者赵家欣《今日

的厦门》抗战特写集里《大炮声响了》一
文报道此事。

（9）1937 年 9 月 6 日，《香港工商时
报》在"又一专讯"中写道："……敌舰
迫近我厦门某地，我炮队发炮，向敌舰猛
击，……一艘敌舰受创尤巨，……该舰驶
至葡萄（普陀山粤语译音——作者注）岛
海外，某灯塔附近，即冉冉沉没……"。

（10）1937 年 9 月 11 日，《星中日
报》"闽粤新闻"版以大标题"敌空军及
战舰掩护陆战队袭厦门汕尾失败"、小标

《今日的厦门》特写集，
《大炮声响了》，1937 年
9 月 6 日

题"敌图炸汕头澄海潮阳安丰顺大埔梅县失利，厦门我炮台发炮
击沉敌舰一艘，其余乃溃窜"，报道了此事等。

（11）1937 年 9 月 16 日，《越华报》以"敌舰连日进犯厦门
均遭惨败"为标题，报道此事。

（12）1937 年 9 月 7 日，香港
《南华日报》记者采访一五七师驻省
后方新闻处后，以"击沉敌巡远舰
经过——舰既被轰沉改派机进犯，
我空防巩固，敌徒劳无功"为标题，
对"敌犯厦企图；我军应战经过；
敌舰沉没地点"全程做了详细报道。

喜讯传到海外，侨胞们无不欢
欣鼓舞，祝捷和慰问的电报纷至
沓来。

陈嘉庚先生以新加坡福建会馆
主席的名义，致电 157 师师长黄涛："敌视厦门为囊中之物，肆
扰无忌，传三日来攻，已为贵师击退，全侨感奋。中央抗战决

《南华日报》"击沉敌巡远舰经
过——舰既被轰沉改派机进
犯，我空防巩固，敌徒劳无
功"，1937 年 9 月 7 日

心，举国拥护，最后胜利，必属于我。”

陳嘉庚
電賀祝捷
一
華僑組織
長期籌賑

敵機空襲廈敗竄，消息傳播海外，僑胞感奮異常，賀電如雪片紛至。星洲陳嘉庚亦電祝捷，文云：「黃師長勤鑒：敵視廈如囊中物，肆擾無忌，傳三日來攻，貴師擊退，全僑感奮，中央抗戰決心，舉國擁護，最後勝利，必屬於我。馬來各埠僑胞紛組長期籌賑會，以盡天職。並聞 新嘉坡福建會館主席陳嘉庚。」

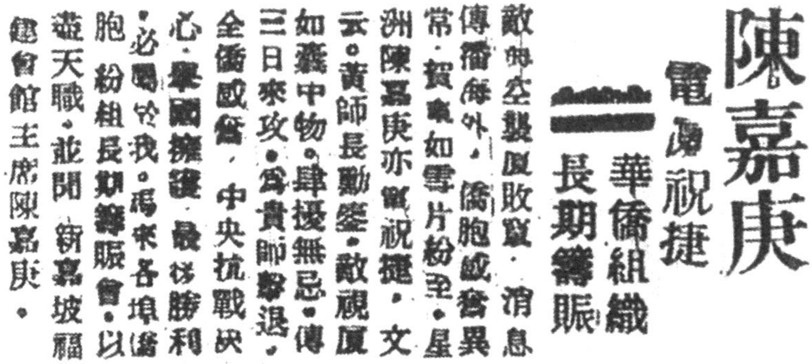

陈嘉庚贺电（原载洪卜仁《厦门史地丛谈》）

菲律宾华侨援助抗敌委员会主席李清泉的祝捷电说：“强敌压境，进攻闽南，赖公等守土有方，奋勇抗御，敌志未逞……谨电致敬。”

李清泉等
昨電廈祝捷
港商會南安抗敵會
亦各來電表示敬意

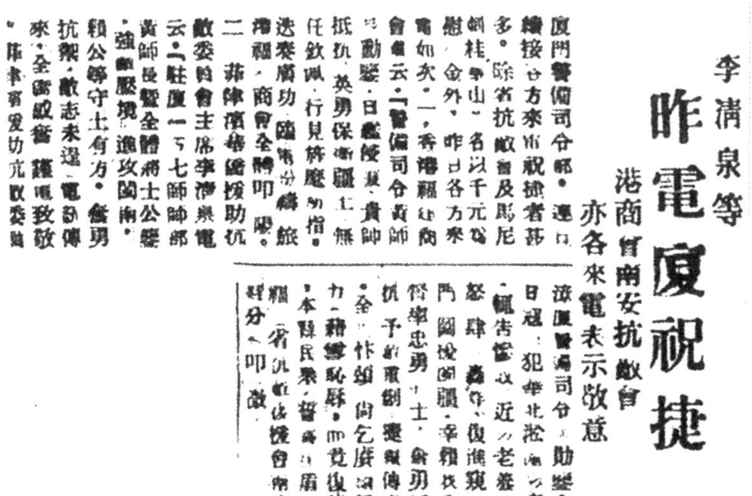

李清泉的祝捷电（原载洪卜仁《厦门史地丛谈》）

　　菲律宾爱国华侨桂华山除发电祝捷外，还汇款国币 1000 元慰劳。此外，槟榔屿橡胶商人署名"别墅"汇款 500 元，一位李氏华侨汇款 100 元……

　　本次战斗中，中国官兵阵亡 6 人、伤 4 人。

海军厦门要塞胡里山炮台上士炮长朱锡畴，湖南湘乡人，40岁，由下士历升至上士炮长

海军厦门要塞胡里山炮台二等炮兵林海旺，福建闽侯人，21岁，由补充营二等兵历升二等炮兵

海军厦门要塞胡里山炮台上等炮兵李玉生，河南内黄人，36岁，由二等炮兵历升上等炮兵

海军陆战队第二旅第三团第二营第五连一等兵林保锢，福建闽侯人，17岁，由补充营二等兵历升一等兵

海军厦门要塞胡里山炮台二等炮兵余得官，福建宁德人，24岁，由补充营二等兵，历升二等炮兵

海军厦门航空处一等兵陈振才，山东襄州人，31岁，由补充营二等兵历升至一等兵。

第一次保卫战牺牲的士兵

第二节 第二次厦门抗日保卫战及沦陷

首战击伤击沉日舰后，日本侵略者对厦门港要塞以胡里山炮台为首的各炮台甚为顾忌，远远地对厦门进行盲目的侵扰，却始终不敢靠近厦门港内海。从 1937 年 9 月 6 日开始到 1938 年 5 月 11 日，日本飞机入侵厦门、狂轰滥炸达 46 架次，炸毁房屋 60 座。

1937 年 10 月 26 日，日军华南部队攻占金门，金门沦陷，厦门失去屏障，直接暴露于日军的炮火之下，日军把金门变成进攻厦门的前沿阵地，从海空对厦门不断进行军事攻击，同

日军攻占金门，把炮口对准厦门，截断海上交通

时大批日军和武器装备纷纷进入金门，并伺机登陆厦门。但是，由于厦门军民防守严密，坚决抵抗，日军进袭厦门图谋始终未能得逞。

国难当头，厦门人民的抗日情绪空前高涨。1937 年 10 月 28 日，中共闽粤赣省委发出《对日抗战保卫漳厦宣言》，提出由中共领导的一部分抗日义勇军配合第 157 师防守漳州、厦门两座城市，但均未被国民党当局接受。

厦门危急，誓死保卫厦门成为军民的共同心声。1938 年 1 月，国民党当局将整编师 157 师调走，调来兵力不足两个旅、武器装备较差、但爱国热情高涨且英勇善战的第 75 师驻防厦门。

一、积极布防，枕戈安海

第 75 师是一支不折不扣的杂牌军，兵员少，整体战斗力虽然不强，但官兵们个个骁勇善战，并且抗敌意志相当高昂。

第 75 师接管防区后，对战区防御做了如下部署。

独立前进守备区：以厦门岛为独立前进守备区，派第 223 旅第 445 团及师属炮兵营之一部为守备部队，第 445 团团部驻南普陀，由副师长兼第 223 旅旅长韩文英指挥。厦门要港司令部及所属陆战队 1 个团协同守备。

左防御区：以马巷、同安、灌口、龙溪、海澄沿海一带地区为左防御区，派第 223 旅第 446 团驻守，由师长宋天才直接指挥。

右防御区：以漳浦、云霄、东山、诏安沿海一带地区为右防御区，派第 225 旅第 449 团和 450 团驻防，由该旅旅长史克勤指挥。

厦门守备部队确定后，韩文英认为："厦门东北方向一带面对金门岛的地区，应是全岛的重点防御地区，须选择一个战斗力强且较有战斗经验的营担任该地区的防御。"为此，副师长韩文英派"素著战绩"的第 445 团第 3 营承担此任，负责防御五通、禾山、何厝一线。

命令附属第 75 师指挥的厦门常备大队的 4 个中队约 600 人，驻守在胡里山右翼从飞机场至招商码头一线；厦门警察局的 3 个保安中队约 400 人，主要任务是维持市内秩序；社训队的补训壮丁，约有 200 支枪，随时听候调遣。

此时（1938 年 1 月），海军厦门港要塞司令林国赓调任海军部，由高宪申接任海军厦门港要塞司令一职。高宪申抵厦门后也立即整顿海防。

不久，福建省绥靖主任兼第 25 集团军总司令陈仪命令韩文英成立厦门警备司令部并担任司令。警备司令部成立即着手筹划构筑工事事宜。构建防御工事时，以守岛部队为军工，再征集一部分民工，在重点防御地区先构筑简易工事，尔后再逐步加固并扩建。地堡及其他工事的掩盖物均为土木结构，只具有半永久性工事的雏形。

就在第 75 师积极布防，枕戈待旦之机，国民党当局不是全力支持，而是确立了"未战先退"的指导思想，着手制定撤退计划。因此，在这场事先就不准备固守到底的保卫战中，失败是毫无悬念的，但驻守厦门岛的军民仍然表现出巨大的勇气和顽强的斗志。

二、御海保国，血战鹭岛

日本海军为了攻略厦门，1938 年 4 月 20 日编成第 2 联合特别陆战队。

第 2 联合特别陆战队 3000 多人于"5 月 1 日编入第 5 舰队，第 5 舰队司令长官编成攻略厦门的作战部队，命名为'D 部队'，并以'D 作战'为本次作战代号"。

1938 年 5 月 3 日，日本殖民当局报纸发表了题为"抗日策源地的计划，军需品输入的基地——厦门岛攻略"一文，以"厦门……是福建抗日的策源地，也是武器弹药、军需品输入的基地，可谓在对日作战中发挥重大作用的一个地方"强烈要求日本大本营再次出兵占领厦门，意见被日军大本营采纳。

同日，大本营下达"大海令 112 号："中国方面舰队司令长官应着第 5 舰队司令长官占领厦门岛。"

此次进攻厦门，日军大本营派出各载有 40 架重型轰炸机的"龙骧"号、"加贺"号重型航空母舰和载有 16 架轻型轰炸机的"神威"号轻型航空母

"龙骧"号重型航空母舰

舰组成的大型航母战斗群，指挥官为少野少将，司令部设于"神威"舰上。

"加贺"号重型航空母舰

5月3日，日本海军少将宫田喜一率领第2联合特别陆战队鬼冢、福岛、志贺、山冈4个大队3000多人，分乘4艘运输舰由佐世堡出发，6日上午到达台湾海峡，在澎湖的马公港与海军少将大野一郎率领的第5舰队部分舰只汇合后，开抵厦门。这时，厦金海域停有入侵敌舰船30余艘。

"5月9日……D部队集结于金门岛海面"，同日晚上，厦门各界人民举行纪念"五九"（袁世凯接受日本提出独占中国胶东"二十一条"的日子）国耻火炬游行。第75师445团第3营副营长史马良率领部分官兵应邀赴市区参加集会游行。

9日深夜，日本航母战斗群利用农历初十的弦月微光，悄悄地潜入厦门禾山五通、浦口海岸外2500米左右的海面，抛锚整装待发。

10日4时55分，在日海军少将大野一郎指挥下，日军第5

舰队出动巡洋舰、驱逐舰、运输舰等 30 余艘乘黑夜驶近厦门岛东北海岸，突然以舰炮向我禾山、泥金、五通一带守军阵地猛烈轰击。从 3 艘航空母舰上起飞的日机 10 余架亦向我沿岸工事俯冲轰炸，敌强大火力压制了我炮台的还击，中国海军何厝、江头、香山、五通、霞边等野战工事遭到很大破坏，炮台基本被摧毁，官兵在敌首轮炮击下伤亡颇重。

5 时 5 分，日舰舰载飞机 30 余架再由航空母舰起飞，飞临厦

日侵厦海军陆战队

门岛东北海岸，再次对我守军阵地狂轰滥炸，掩护日本海军陆战队冲滩登陆。与此同时，日本航空队大批敌机随即临空轰炸临近厦门的大陆沿海一带，百里内的公路、桥梁、渡口、船只、电线杆均被破坏，对外联络全部中断。

敌军强大火力制压了我守军的还击，破坏了我野战工事。炮击持续了数十分钟后，敌军炮火开始向厦门岛内作延伸射击。此时，敌艇数十艘载日本第 1 师团第 2 联队、海军陆战队和山冈志贺、福岛等部共 2000 余人，在山冈志贺中佐、福田少佐的带领下，在五通附近强行登陆，分别在浦口的南北两岸向我军王建章

营阵地上的缺口猛扑。我守军在王建章营长指挥下，利用残存的工事奋勇迎击，一度将登陆之敌击退。登陆故军未能得逞，被迫退回艇上，战场暂时沉寂下来，只听见敌艇发动机渐渐逝去的声音。不久，敌机又来对我阵地反复轰炸扫射，将我火力点逐一炸毁。当时，我军无一门高射炮，步兵连每排仅有一挺轻机枪，重机枪又无高射装置，只能用士兵做高射装置进行反击，在敌机狂炸滥射下，我军官兵为保存力量，只得伏卧在工事里隐蔽，即使如此，也遭到很大的伤亡。敌机离去后，敌步兵又向我阵地发起进攻。敌军每次进攻时，除从正面攻击外，还向我军两翼延伸作钳形包围，并向我军发射大量枪榴弹，攻势甚为猛烈，王营长率部英勇抵抗。

1938 年 5 月 10 日晨，厦门守军在五通用机枪反击日机（杜凡摄，胡汉辉供稿）

1938 年 5 月 10 日晨，厦门守军在五通用迫击炮轰击日军（杜凡摄，胡汉辉供稿）

1938 年 5 月 10 日晨，日机轰炸香山阵地，守军用重机枪反击。为防毒气弹，士兵用湿手巾掩鼻（杜凡摄，胡汉辉供稿）

5 时 40 分，日军舰炮齐向泥金、何厝炮击，施放毒气弹。"我香山、霞边两台与之血战，敌以飞机掩护敌舰炮击，火力极烈，香山炮位全被毁；霞边牺牲尤巨，全台员兵只剩一人"日军志贺一部突破凤头海岸防御。随后日军坦克也登陆参加作战。

1938 年 5 月 10 日厦门守军在香山与日军殊死战斗（杜凡摄，胡汉辉供稿）

6 时 16 分，日军陆战队山冈一部约 500 人在泥金登陆，并向湖边进逼，守军 75 师 445 团第 3 营进行顽强的抗击。

6 时 20 分，日军主力 1000 余人在海空军协同下，由何厝登陆；一部约 400 人从五通浦口登陆，攻击前埔。

6 时 20 分，厦门守军预备队第 445 团第 1 营一个连分乘 3 辆汽车增援五通，行至店里南侧被日军阻歼，伤亡惨重。

6 时 30 分，日军按计划出动航空队的大批飞机对大陆方面出动的汽车群进行了轰击，基本摧毁了全部汽车。为保证对厦门攻占的顺利进行，航空队不但对福建省内的漳州、龙岩、长汀、福州、建瓯等地的机场进行轰击，使机场和其他

日军突破泥金

设施均遭严重损失，甚至还对远在广东的天河机场、白云机场进行轮番轰炸，机场和飞机库等设施遭到严重损坏。

7时，敌军开始进击高林、东宅、鸡山一线阵地，遭守军9连的顽强抵抗。至8时，9连守军全部阵亡。副师长兼第223旅长韩文英亲率预备队2个连赶来增援，预备队在增援途中遭到敌机轰炸，与王建章营会合时人员损

1938年5月10日厦门守军增援五通（杜凡摄，胡汉辉供稿）

失近半。虽然敌众我寡，但我军毫不畏惧，马上投入战斗。此时，"敌军鱼跃登海滩后，散开埋伏于蚝石近旁，与我军形成对峙形势，当时炮火猛烈，相持约一时许，敌因遭我猛烈攻击，虽未溃退下海，但绝不能前进一步。敌见攻不得逞，乃施狡计，令其全部登陆敌兵，静伏海滩上，任我猛烈攻击，彼皆不还击一弹。经过20余分钟，我军见敌静伏不动，且不发枪还击，误为敌军所带子弹用尽，士气大振，咸抱一股聚歼顽敌之决心，遂拔起大刀，由副师长韩文英及各高级长官亲自率领，由岸上冲下海滩，准备与敌肉搏。顽敌静候我军迫近，始用机枪猛烈扫射，我军情知中计，欲退已无及，我军死伤愈半，韩副师长腿部中弹受伤，第223旅参谋长楚怀民被炸身亡。卫士将楚怀民的遗体推入弹坑，把一支内装5节电池的军用手电筒置于其头部

守军75师在韩副师长指挥下进行反冲锋（杜凡摄，胡汉辉供稿）

后枕下，作为日后识别标记，然后草草掩埋。敌即乘我后援不继之际，在敌舰炮火掩护下，坦克车亦继之登陆"。我守军且战且退，与侵厦日军鏖战。

厦门守军奋起抗击

11时30分，日军志贺部在飞机掩护下，占领江头，并控制了交通要道，遭到江头镇警察、壮丁的抗击。在打退敌人数次进攻后，我军战斗人员剧减，弹药亦将耗尽，敌得以攻占我军主阵地。但在我军顽强抗击下，敌军也伤亡惨重。午后，王建章营撤至东坪山云顶岩、金鸡岩、江头一线继续与敌军作殊死战斗。

布置在胡里山山神庙附近的第75师师部所属炮兵因火炮射程近，不能射及敌舰，在日军登陆占领江头、高岭、东宅一线后，先期撤离厦门岛，使厦门守军失去了火炮的支援，防守厦门更加艰难。

我军退至第二线阵地后，敌军又屡来进攻，进攻前敌机总是先来轰炸一番。我军在敌机轰炸时均掩蔽起来，待敌机离去，敌步兵进攻时则奋起反击。副师长韩文英虽已负伤，仍坚持不退出阵地，在前线督战。见此情景，其他负伤军官也不肯退下火线。如此，极大地激励了守军官兵的斗志，日军数次进攻均被我守军打退。在厦门岛战斗最为惨烈的时候，驻守在马巷、同安、灌口、龙溪、海澄沿海一带（与厦门一水之隔，近在咫尺）的左防御区第 223 旅所属第 446 团副团长

厦门守军在禾山、莲坂、双涵、东坪山与日军激战（杜凡摄，胡汉辉供稿）

胡之津日夜守在电话机旁（团长焦克功与另一副团长在外受训未回），等候师部的增援命令。但电话线屡接屡断，终未接得命令，使得守岛的第 445 团只能孤军奋战，寡不敌众。

当日下午，日本舰队突破守军炮台封锁线，进入厦门港口，控制了厦门海面。2点，在江头的日军志贺部分兵两路，一路攻击莲坂、梧村；一路进攻前埔。我军组织市区警察、保安队、壮丁进行增援，战斗中伤亡惨重。3点半左右，日军占领前埔。4点，日军夺取东坪山，并将东坪山的云顶岩作为指挥所，随后进攻占领禾山区公署。黄昏时分，日军占领了位于厦门市前沿两公里外的莲坂社。

日军占领东坪山上李水库（杜凡摄，胡汉辉供稿）

入夜，敌机停止出动，敌步兵停止攻击，双方进入对峙状态。当晚 10 时，韩文英致电陈仪报告厦门战况："敌人配备完全，火力甚猛，左翼之敌已进逼文灶一带，右翼进逼茂后一带，厦门危急。"

11 日，"敌军麇集，炸我阵地，敌军复由厦门口外海边之黄厝塔头登陆，围攻白石炮台，另有敌驱逐舰三艘、炮舰两艘在该台正面猛烈攻击。该台奋勇应战，但实力悬殊，相持过久，渐至不支。我员兵退入胡里山台，日军的福岛部占领白石炮台。敌机十余架，分向胡里山盘石两炮台猛炸，并掩护敌军包抄，敌舰又连续炮击，该两台员兵坚决死守，抗战尤烈，卒因弹尽援绝，伤亡惨重"。

11 日拂晓，五通日军 1000 余人复占莲坂。紧接着，日军在飞机大炮的掩护下，又发起攻击。上午 9 时 30 分，日军攻占美仁宫，接着进犯厦港地区。脚缠绷带的韩文英继续组织残存的官兵顽强阻击，在日军猛烈炮火的攻击下，我军伤亡惨重，第 445 团团长水清浚负伤，第 1 营营长宋天成阵亡，第 2 营营长杨永山、第 3 营营长王建章、警备司令部通讯后勤科科长张景楼及第 3 营营部书记黄某等人均负伤，各营副营长以下军官非死即伤，士兵伤亡更为严重。韩文英在激战中胸部又被敌炸弹弹片所伤，栽倒于地，不得已退出战场，被强行送离厦门，到后方医院抢救，临离厦门时，因团长水清浚负伤已撤出，韩文英在码头上嘱警备司令部作战科科长骆永亮代其指挥作战。

而就在此时，埋藏在市内的日本浪人，作为内应，在市内的新世界、台湾银行、台湾公会、旭瀛书院等地，升起日本旗，以扰乱军心、民心。

此时，我军通信设备在敌机轰炸下已大部被毁，配属第 3 营的 8 个通信兵除班长王心诚外已全部牺牲，当时在市区的警备司令部指挥作战的骆永亮只能与第 445 团团副郭殿荣通话，郭殿荣只能与第 3 营副营长马莲馨通话。韩文英治军严谨，在战斗中督战甚严，离开时亦未命令可以撤退，所以我军在敌军猛烈攻击下连续奋战，无人后退。

整个上午，第 3 营和第 2 营在厦门的东部和东南部奋勇拒守反击，与敌鏖战不息。

当日下午，敌军一部突入厦门市区，我军退往市区的后路被截断。除距市区较近的少数部队撤出外，大部无法撤退，于是返回与敌死战。16 时，日军水上飞机运载陆军 90 余人和陆战队员降落在筼筜港，日军身着中国军队服装，从浮屿角涉水登陆，和已攻占美仁宫、厦门港方向的日军相互策应抄入我守军背后，包围市区，同时向市区猛烈穿插。把守市区的壮丁队、义勇常备队和警察紧急动员，与日军展开激烈巷战，但终因力量悬殊，死伤惨重。许多壮丁不甘受辱，纷纷跃入海中，沉浮之际，敌军竟以机枪猛烈向海中扫射，只见血浪翻滚。厦门街头，到处死尸横藉，惨不忍睹。"在鼓浪屿黄家渡头，可以看到血染海水，绿色军服、钢盔到处漂流，其情况惨绝人寰。""17 时，日军占领市区。"剩余的中国守军一部分退入胡里山炮台城堡内和磐石炮台内，凭险抵抗，部分退到周边的山岭，和日军进行游击战。

日军紧接着在海空军的支援下，在陆上从东西两面包围夹击我退到胡里山炮台、磐石炮台及炮台后面山地的 445 团守军。我炮台守军和 445 团守军凭险抵抗。

18 时，陈仪电告蒋介石，因"侵厦之敌陆海空协同围攻 75 师，韩旅及地方团警伤亡奇重，厦门情势似难挽回"，故已电告 75 师师长宋天才、副师长韩文英"密令该地军警于不得已时，乘夜撤出，并将各炮台、炮位及水电设备，务予破坏"。接到撤退命令后，坚守胡里山炮台官兵将剩余 28 生克虏伯大炮的弹头上的密闭弹带（铅片）剥掉，以防止日军将弹头修复或作为钢铁等战略物资资料，把 28 枚弹头运至白石头炮台，把 17 枚渡海运到屿仔尾炮台，全部深埋于弹药库地下。直至深夜才和撤退到炮台的我军残部通过炮台后山通往城堡外海边的暗道，秘密撤出炮台，趁夜幕掩护，部分北向沃头、集美，西向靠近大陆的排头、东屿分散撤出；部分冒着敌人的炮火渡海，突围撤至嵩屿，加入仍在孤军奋战的屿仔尾炮台战斗行列，撤退中遭敌截击，又有伤亡。深夜，磐石炮台20多名海军官兵在弹尽无援又伤亡过半情况下，台长邓宝初组织退守炮台的零散官兵，冒着敌人的炮火渡海，突围撤至屿仔尾炮台，随后，日军占领了磐石炮台。

　　同时，部分掩护炮台撤退的守军和退守山岭的445团余部也一起突围，北向澳头、集美；西向靠近大陆的排头、东屿分散撤出，撤退中遭敌截击，几乎全部阵亡。

　　12日晨，日军向胡里山炮台发起猛攻，9时福岛部占领了胡里山炮台。尔后，日军大部队开入市区，12日晚，厦门岛完全沦陷。此时尚有未撤退的我军200余人仍在禾山一带游击。13日17时，被日军搜捕到的壮丁和75师士兵在轮渡码头遭集体枪杀，推尸海中，惨不忍睹。

日军占领胡里山炮台

　　尽管如此，厦门港南岸龙海县的屿仔尾炮台守军仍在坚守。

　　13日上午，气急败坏的日军一面出动大批重型轰炸机轮番轰炸，一面由主力各舰以密集炮火向屿仔尾炮台猛攻，一时间地动山摇，硝烟弥漫。"屿仔尾炮台海军官兵在主台官何荣冠的英勇指挥下，奋力抵抗，死守不退。他们愈战愈勇，猛烈反击，击伤数艘敌舰"。在敌舰敌机猛攻之下，"屿仔尾炮台官兵誓死固守，火药库及大炮要件并轨道等，悉被炸毁"，但仍不退缩，"坚持战斗到 14 日凌晨零时 45 分，奉命弃守，始作有计划的破坏，该台员兵始最后退出厦地"。这场战斗中，"班长詹益茂及李水清、戴文敬、龙相泉、陈石山等六人以身殉职，光荣牺牲"。

厦门岛沦陷后，部分来不及撤退的官兵退到山区打游击。15 日，日军回击厦门岛西半部山区，扫荡我军打游击的残部。

至此，我驻守厦门岛的陆海军已全部撤出。海军厦门要港司令部、厦门要塞各炮台和厦门报警台均落入敌手，驻守的官兵除阵亡者外，都奉命到马尾要塞报到。海军厦门要塞司令部、海军航空处、海军造船所、海军厦门要塞弹药库、海军厦门煤栈、海军厦门医院、海军厦门无线电台等 7 单位被撤销。

厦郊游击战，部分守军退守郊外正和日军进行游击战

16 日，日军"继而扫荡岛内"，厦门全岛沦陷。

日军在五通村扫荡"残敌"（胡汉辉供稿）

日军在山上围搜抗日人士（胡汉辉供稿）

被攻陷的南普陀寺、厦门大学和海上日舰（胡汉辉供稿）

"5 月 20 日 D 作战结束"。之后，日军在中山公园举行阅兵。

侵占厦门的日军在中山公园举行阅兵（胡汉辉供稿）

从 10 日日军上岸至 16 日厦门全岛陷落，厦门军民和日本侵略者进行了为时近一周的血战。在战斗中，日军共出动军舰和其他辅助性舰船近 30 艘，"飞机 30 余架、陆战大队 1 个，我守军为 75 师 445 团 2 营约 600 人左右，共击毙敌军 280 人，击落飞机 1 架，而守军、武装警察、保安队、壮丁阵亡和群众遭受日寇屠杀者约 7000 人"。"75 师参谋长楚恒仁阵亡，副师长韩文英受伤，厦门要港司令高宪申奉闽省绥靖主任陈仪令退往漳州……厦门一役，海军血战最烈……"，这是中华民国海军总司令陈绍宽后来对厦门海防要塞保卫战作出的评价。

厦门虽未能守住，但我守岛部队在极其不利条件下确曾英勇抗击日军。有些人临战前不在岛上，但一闻战事爆发即赶回部队参战。配属王建章营的第446团通讯班长王心诚和上尉军医杜镇砧，9日下午请假回同安团部领饷，10日凌晨敌舰发炮时，王营长以电话通知他们回营，杜镇砧说："就是死也要回去。"两人即乘团部汽车赶至集美。这时，天已经拂晓，他们请渡船载往高崎，渡船的船老大说："你们看，敌机已经飞来，正在寻找目标，我船一开，就有被炸沉的危险。"两人说："抗战不能怕死。"船老大深为感动，便说："你们为国家不怕死，我们陪你们！"即与另一船工脱下衣服，背上救生圈，王心诚和杜镇砧两人也各抱一块木板，毅然上船，将船往对岸开去。未及中流，船即被敌机炸沉，杜镇砧负伤下沉牺牲，王心诚侥幸泅渡至高崎岸边，立即奔赴战场。王建章营某连连长张永泰于9日回同安家探亲，战事爆发后，家人劝他不要回连队，他执意不肯，当时汽车已停驶，他便徒步百里赶回部队参战，战斗中英勇牺牲，后被其部下葬于嵩屿。

在厦门之战中，据警备司令部作战科科长骆永亮回忆，第445团原有官兵约600人，阵亡官兵近600人（撤退时牺牲的未计在内）。其中以第3营损失最为惨重，据王心诚回忆，该营副营长和4个连长全部阵亡。战后，营长王建章在角尾一家旅馆收容该营官兵，此时，王营长的勤务兵已阵亡，副营长马连馨的勤务兵李锁和他住一起，他们经过20余天才收容6个人。

海军方面，厦门要港司令高宪申奉陈仪令退往漳州候命，并在嵩屿收容员兵。厦门要塞在漳州共收容官兵计129人，各炮台阵亡16人，伤10人，失踪9人。

敌军进占厦门市，鹭岛军民奋起抗击，壮烈情景感天动地。吴震西《厦门陷敌始末记》载："我军对粮食子弹援兵的接济都感困难。虽形势险恶，而我军保卫家邦之念，并不为之稍馁。仍秉不屈不挠之精神，奋勇抵抗，用血肉去向敌人讨取最大的代价。厦门市的壮丁、义勇、常备大队和全体警察都总动员分布在厦门的四周，拼命与敌人巷战，直到黄昏。没有突围过海的战士们，仍退入南普陀、厦门大学，凭险抵抗，直至弹尽援绝，全部殉国。其牺牲之惨烈，抵抗之英勇，在鹭岛抗战史上，实为最光荣、最灿烂的一页。"

厦门保卫战中，副师长韩文英以力战负伤、带伤再战、再负重伤等英勇行为，获奖赏并升任中将师长。

日军攻入厦门后，兽性大发，滥杀无辜。在城郊五通、何厝、莲坂等地烧杀奸淫，无恶不作，制造了一起起骇人听闻的惨案。入城后，逢人便杀，四处抢劫，令人发指的是，日军将数百名被俘中国军人和壮丁捆绑押到鹭江码头，集体枪杀，尸首抛入海中。昔日繁荣冠闽的厦门，经日寇烧杀抢劫后，满目疮痍，一片狼藉；10余万人口的城市，在日军入城前后逃的逃，被杀的杀，仅剩一万余人。美丽的厦门岛坠入黑暗的深渊。

厦门抗战损失调查团的调查文件

日军占领厦门岛后，进驻胡里山炮台，并在西炮台炮管上刻下"昭和25年大日本皇军山本联队占领金厦要塞纪念"。因2门120毫米（12生）克虏伯副炮被毁，就在胡里山炮台后山修筑了1个榴弹炮阵地。

日军在胡里山炮台后山建一榴弹炮阵地遗址

厦、金沦陷后，日军将海军司令部设在虎头山，作为"南进"的前进基地。有了基地作依托的日本舰队有恃无恐，活动更加猖獗，福建沿海许多重要地段都成为其炮击的对象，从台湾、金门等地机场和航母起飞的日本飞机不分昼夜对福建的许多重要目标进行轰炸、扫射，驻守厦门高崎的日军更是不分昼夜用大炮袭扰集美的中国守军。1939 年 5 月，日军在鼓浪屿制订了南进作战方案。

日本兵在虎头山上看厦门港的张狂情景

日寇从高崎向集美开炮

为了防止驻厦日军突袭我防区，韩文英命令所部严密监视厦门方向日军的动静。这时正好厦门要港司令部观测员林某于厦门失守后携带高倍望远镜只身逃出，投效第 75 师，韩文英就为他在靠近厦门的某山上建立观测所，林某每天将过往日舰的型号与行踪随时以电话向师部报告（师部有一上尉参谋专接他的电话），师部再将情况转报重庆军事委员会和第 3 战区司令长官部。敌航空母舰上的飞机一起飞，师部立即发出空袭警报，除阴雨天外，敌机几乎每日都飞临漳州上空轰炸扫射。

三、 厦门抗日保卫战失败的原因

厦门抗日保卫战，堪称厦门有史以来规模最大的反侵略战役，其失败的主要原因，同 1840 年鸦片战争一样。

首先，战争的主动权掌握在日本侵略军手中。75 师防御区从厦门的马巷、同安、厦门岛、灌口，到漳州的龙溪、海澄、漳浦、云霄、东山、诏安等，漫长的海岸线只有陆军 75 师，使我守军在整条海岸线的防守态势只能左支右绌，更不可能在战斗中布置足够的战略预备队。而守卫岛内名为一个团，实为两个营约 500—600 人，海军陆战队一个团约 700—800 人，加上地方常备大队约 600 人，共计 2200 人左右。面对日军 3000 多人的正规军，更显得敌强我弱。再加上日军舰船在战术上机动灵活而取得局部战场上的绝对优势，使日军得以用 3000 名海陆军强攻只有 200—300 名守军的禾山五通阵地，失败是没有悬念的。

其次，国民党当局的"未战先退"思想的影响。早在金门失守之后，福建省政府就拟订一套日军进攻厦门实施撤退的方案。5 月 10 日凌晨日军登陆后，撤离工作随即展开；但在这场事先就不准备固守到底的保卫战中，驻守厦门岛的军民仍然表现出巨大的勇气和顽强的斗志。守军 75 师 4 个营的官兵浴血奋战，师参谋长楚恒仁等半数官兵为国英勇捐躯。常备义勇壮丁队奋勇参战，危急时刻仅凭两三枚手榴弹誓死与敌人抗争，全队 300 余人伤亡过半。正是这种勇于牺牲的精神，使得日本侵略者即便在军事上一时占得上风，也永远无法灭亡中国。

第三，现代战争是海、陆、空相结合的立体战争，日本在进攻厦

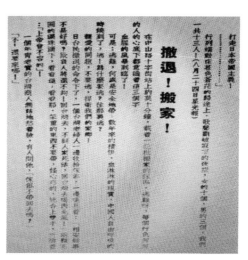

《撤退！搬家！》，引自厦门《星光日报》记者赵家欣抗战特写集《今日的厦门》

门时出动了以 3 艘航母为主的舰队，凭借着海、陆、空力量的绝对优势，以海军、空军的火力作为掩护，由陆战队、坦克部队乘登陆艇实施登陆，短时间内便形成突破口，并出动水上飞机运载陆军，以迅速形成对市区的包围。而厦门守军则只能据守陆上工事和炮台，无制海权、制空权和陆上机械化部队可言。

第四，厦门岛孤悬海上，我驻岛部队名为一团兵力，实兵力仅有日军兵力的三分之一。再加之我守军防线因海岸线长，只能重点防御，难于全面防守，在既无飞机、舰艇支援的情况下，局部战场更容易形成敌众我寡的局面。在敌陆海空的联合进攻下，我军若予增援，非渡海不可，但在敌海空火力的封锁下，渡海上岛增援几无可能，既无援兵，弹药又不继，我守军虽作顽强抵抗，亦难免失守。

主要参考文献

［1］陈瑛.海澄县志.

［2］周凯.厦门志.鹭江出版社，1996年.

［3］厦门市地方志编纂委员会办公室.《民国厦门市志》.方志出版社，1999年.

［4］陈孔立.厦门史话.鹭江出版社，1996年.

［5］靳维柏、郑东.厦门城.中央文献出版社，2006年.

［6］刘鸿亮.中英火炮与鸦片战争.科学出版社，2011年.

［7］驻闽海军军事编纂室.福建海防史.厦门大学出版社，1990年.

［8］齐思和.黄爵滋奏疏许乃济奏议合刊.中华书局，1959年.

［9］筹办夷务始末（道光朝）.中华书局，1964年.

［10］筹办夷务始末（同治朝）.故宫博物院.1930年影印本.

［11］魏源.海国图志.时代文艺出版社，2000年.

［12］广东省文史研究馆.鸦片战争史料选译.中华书局，1983年.

［13］清史列传.中华书局，1987年.

［14］蒋廷黻.中国近代史.上海古籍出版社，2006年.

［15］黄一农.红夷大炮与明清战争.清华学报.1996年.

［16］福建师范大学历史系.鸦片战争在闽台史料选编.福建人民出版社，1982年.

［17］《清代名人书札》编辑组.清代名人书札.北京师范大学出版社，2009年.

［18］中国第一历史档案馆.鸦片战争档案史料.天津古籍出

版社，1992 年.

[19] 赵尔巽等.清史稿.中华书局，1977 年.

[20] 马士.中华帝国对外关系史第 1 卷.三联书店，1957 年.

[21] 茅海建.天朝的崩溃：鸦片战争再研究.三联书店，2005 年.

[22] 中国史学会.鸦片战争.上海人民出版社，1957 年.

[23] 〔英〕克里斯·亨利.拿破仑时期的海军武器1792—1815.鱼鹰出版社，2004年.

[24] 张曦海、王翔.中国海军之谜.海洋出版社，1990 年.

[25] 茅海建.鸦片战争时期厦门之战研究.《近代史研究》第 4 期，1993 年.

[26] 〔英〕克里斯·亨利.英国火炮与火炮技术.鱼鹰出版社，2002 年.

[27] 姚薇元.鸦片战争史实考·中国史学史概要.武汉大学出版社，2007 年.

[28] 梁廷楠.夷氛闻记.中华书局，1984 年.

[29] 张侠、杨志本、罗澍伟、王苏波、张利民.清末海军史料.海洋出版社，1982 年.

[30] 蒋廷黻.中国近代史大纲.江苏教育出版社，2006 年.

[31] 清光绪朝中日交涉史料.文海出版社，1970 年.

[32] 中国第一历史档案馆.光绪朝朱批奏折.中华书局，1995 年.

[33] 朱正元.江浙闽三省沿海图说.光绪壬寅（1902 年)四月上海聚珍板印.

[34] 萨承钰.南北洋炮台图说.一砚斋藏本.

[35] 〔英〕储意比.营城揭要.

[36] 中国史学会.洋务运动.上海人民出版社，2000 年.

[37] 〔德〕希理哈、傅兰雅、华蘅芳.防海新论.

［38］左宗棠.左文襄公奏牍.台湾文献丛书.台湾银行经济研究室，1960年.

［39］王靖君、赫信鹏编.火炮概论.兵器工业出版社，1992年.

［40］《中国军事史》编写组.中国军事史.解放军出版社，1983年.

［41］日本防卫厅防卫研究所战史室，天津市政协编译委员会.日本海军在中国作战.中华书局，1991年.

［42］刘锦藻.清续文献通考.民国景十通本.

［43］徐国璋.日本侵台的思想缘起与占领台湾.日本文献季刊.1997年3月.

［44］〔日〕日本外务省.日本外交年表并主要文书（上）.日本国际联合协会，1955年.

［45］〔日〕日本外务省.日本外交文书第33卷.日本国际联合协会，1956年.

［46］张蓉初.红档杂志有关中国交涉史料选译.三联书店，1957年.

［47］〔美〕毕腓力，何丙仲.厦门纵横——一个中国首批开埠城市的故事.厦门大学出版社，2009年.

［48］〔日〕日本历史大辞典编辑委员会.日本历史大辞典.河出书房新社，1971年.

［49］厦门市档案局、厦门市档案馆.近代厦门涉外档案史料.厦门大学出版社，1997年.

［50］全国政协《闽浙赣抗战》编写组.闽浙赣抗战.中国文史出版社，1995年.

［51］厦门市政协文史和宣传委员会.胡里山炮台与克虏伯大炮.海风出版社，2006年.

［52］中国人民政治协商会议福建省委员会文史资料研究委

员会.福建文史资料（第八辑）.福建人民出版社，1984 年.

［53］杨志本.中华民国海军史料.海洋出版社，1987 年.

［54］洪卜仁.厦门史地丛谈.厦门大学出版社，2007 年.

［55］中国人民政治协商会议福建省漳州市委员会文史资料研究委员会、中国人民政治协商会议福建省芗城区委员会文史资料研究委员会.漳州文史资料（第九辑）.1987 年.

［56］陈贞寿.图说中国海军史.福建教育出版社，2002 年.

［57］厦门市档案局、厦门市档案馆.厦门抗日战争档案资料.厦门大学出版社，1997 年.

［58］包遵彭.中国海军史.海军出版社，1951 年.

［59］厦门市政协文史和宣传委员会、厦门市图书馆.鹭岛烽烟：纪念抗日战争胜利六十周年.海风出版社，2006 年.

［60］聂欣、冯世明.百年望族.解放军出版社，2010 年.

［61］中国人民政治协商会议厦门市委员会.厦门的租界.鹭江出版社，1990 年.

［62］方友义、方文图、彭一万、林美治.厦门城六百年.鹭江出版社，1996 年.

后 记

　　厦门古为八闽门户、东南屏障，是我国东南沿海的军事重镇，历史上为兵家必争之地。清道光《厦门志》卷三《兵制考》开宗明文第一句话就是"厦门，海防首要地也"。一部厦门历史，从某种意义上来说就是一部百年战争史和海外贸易史。厦门本是一个小渔村，其发展起源于"海防门户"，并在发展中进一步成为"通商门户"，海防与海外贸易有着密切的关系。从倭寇武装掠夺和骚扰，到荷兰人入侵厦门；从郑成功歼荷逐荷掌控海丝路，到鸦片战争后的五口通商；从日本明治维新制定"南收台湾、厦门"的"南进"国策，到1874年日本侵台的"牡丹社事件"催生以胡里山炮台为标志的厦门海防；从1900年日本出兵厦门的"厦门事件"催生鼓浪屿公共（地）租界，到1937年—1938年厦门抗日保卫战，无不与经济、贸易上的利益直接相关，战争是这些利益的终极体现。海防与海外贸易对厦门近现代社会的变迁带来深刻的影响。厦门，因海防而建城，因海港而繁荣，因繁荣而御敌，《东南屏障》一书正是这种变化的一个真实写照。

　　《东南屏障》以纪实的方式，将各阶段发生的历史事件以当时世界格局变化的角度去展现，让读者全面了解作为东南屏障的厦门在中国古代、近现代海防史上的地位和作用，认识到必须要有强大的国防才能保证祖国繁荣。以史为鉴，居安思危，这是我编著此书初衷。

本书由思明区文化局、文化馆出资出版，并被编入《思明记忆之厦门海洋历史文化丛书》。在此表示最诚挚的感谢！

《东南屏障》一书的付梓，要感谢厦门市闽南文化研究会原会长陈耕先生的指导，一是将本书历史线的起点从鸦片战争前推至宋元时期，使本书能全面、系统地反映厦门海防；二是去繁就简，帮助作者将《胡里山炮台与鼓浪屿公共（地）租界》这本近30万字的专著初稿浓缩为一本鉴往知来、资治育人、具有通俗性和普及性的历史读物。

福建省文物局原局长郑国珍先生，原厦门市文化局局长彭一万先生，厦门市闽南文化研究会叶细致会长，洪卜仁先生，李启宇先生，黄秋苇先生和原胡里山炮台主任胡汉辉先生，明清火炮史专家黄一农先生，萨本敦先生等良师益友，他们为本书的写作提供了资料和方便。

原厦门市旅游局三任局长郭叔周先生、郭恒明先生、林世超先生让我有机会到胡里山炮台工作并巡走各地寻找、挖掘、整理胡里山炮台和厦门海防的历史资料，才有今日之成果。

对以上领导、前辈、同仁、朋友的赐予我满怀感激！由于学养有限，不足之处敬请史家和读者雅正。

韩栽茂

2019年3月28日

图书在版编目（CIP）数据

东南屏障：从中左所到英雄城市 / 韩栽茂著；厦门市思明区文化馆，厦门市闽南文化研究会编. —厦门：鹭江出版社，2020.8
（思明记忆之厦门海洋历史文化丛书）
ISBN 978-7-5459-1796-3

Ⅰ.①东… Ⅱ.①韩… ②厦… ③厦… Ⅲ.①海防—军事史—厦门—近代 Ⅳ.①E295

中国版本图书馆 CIP 数据核字(2020)第 148850 号

思明记忆之厦门海洋历史文化丛书
厦门市思明区文化馆
厦门市闽南文化研究会　编

DONGNAN PINGZHANG
东南屏障
——从中左所到英雄城市
韩栽茂　著

出版发行：鹭江出版社
地　　址：厦门市湖明路 22 号　　　　**邮政编码**：361004
印　　刷：厦门集大印刷厂
地　　址：厦门市集美区环珠路　　　**电话号码**：0592－6183035
　　　　　　256－260 号 3 号厂房一至二楼
开　　本：890mm×1240mm　1/32
插　　页：2
印　　张：6
字　　数：151 千字
版　　次：2020 年 8 月第 1 版　　　2020 年 8 月第 1 次印刷
书　　号：ISBN 978-7-5459-1796-3
定　　价：48.00 元

如发现印装质量问题，请寄承印厂调换。